22,–

Axel Meyer

Kostproben aus der Pflanzenküche

Samsara Verlag

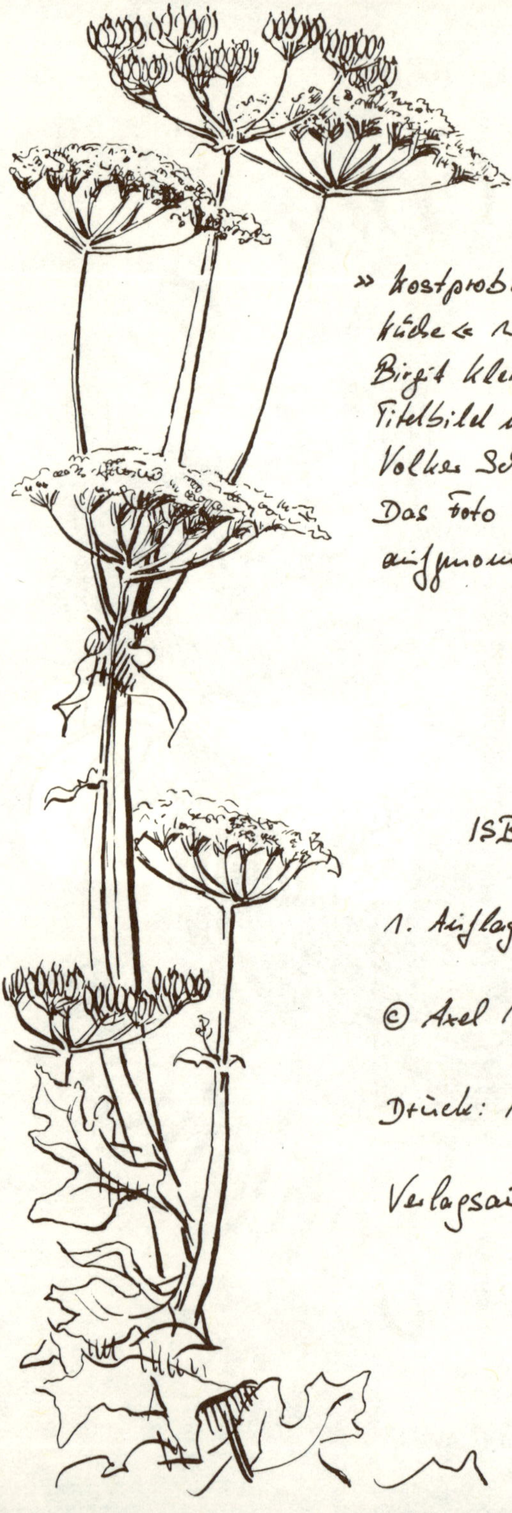

»Kostproben aus der Pflanzen-
küche« wurde handgeschrieben von
Birgit Kleinschmidt.
Titelbild und Federzeichnungen schuf
Volker Schönwart.
Das Foto wurde von Dieter Kleinschmidt
aufgenommen.

ISBN 3-88359-004-5

1. Auflage, Okt. 1981 1-5000 Expl.

Druck: Werbedruck Köhler, Oldenburg

Verlagsauslieferung:

edition wandlungen
Postfach
2900 Oldenburg
Tel. 0441 181008

Euch Menschen gewidmet,
zum Wohl Eurer Kinder.

Dank
an Birgit, Volker, Dieter,
Dhyan und Andrea, ohne
die dies Buch nicht hätte
entstehen können.

Ach könntet Ihr doch leben vom Duft der Erde und Euch nähren am Licht, gleich einem Lichtgewächse!

Aber da Ihr gezwungen seid zu töten, um zu essen und zu rauben dem Neugeborenen seiner Mutter Milch, um Euren Durst zu stillen, so machet aus dem Zwang einen Akt der Verehrung.

Und Euer Tisch sei ein Altar, auf dem das Reine und Unschuldige aus Wald und Flur geopfert werde für das, was im Menschen noch reiner und unschuldiger ist.

Kahlil Gibran

Inhalt

Gemüse-Frischkost

Gedünstetes Gemüse

Sojaspeisen

Getreidespeisen

Suppen und Saucen

Desserts

Brotaufstriche

Einleitung

Jetzt ist die Zeit, da die ausgesäte Saat zu reifen beginnt, und Gemüse und Früchte darauf warten, geerntet zu werden.
Die Natur ist so vollkommen geschaffen, daß sie zu jeder Jahreszeit die für unseren Körper angemessene Nahrung bereithält.
Das Frühjahr ist seit dem Altertum symbolisch für Reinigungskuren, sowohl für Mensch, als auch für Tier. Der Frühling offenbart uns dies durch die vielen verschiedenen Wildkräuter und Salate, die auf Körper und Geist eine stark reinigende Wirkung haben. Je weiter die Sonne dann am Himmel aufsteigt, die Tage länger und wärmer werden, beginnen all die herrlichen Beeren, Wildfrüchte, Blatt- und Wurzelgemüse zu reifen. Von dieser Vielfalt, die sich bis zum Herbst hin steigert, gibt es dann so eine Fülle, daß wir für den kalten Winter, in dem nur einige, wenige Pflanzen wachsen, bereits ausreichend Nahrung zurückbehalten können. Die kalten Monate sollten Zeit für Ruhe und Muße sein; denn auch die Natur beginnt jetzt ihren Winterschlaf, um dann im Frühjahr mit den ersten Knospen wieder neu zu erwachen.

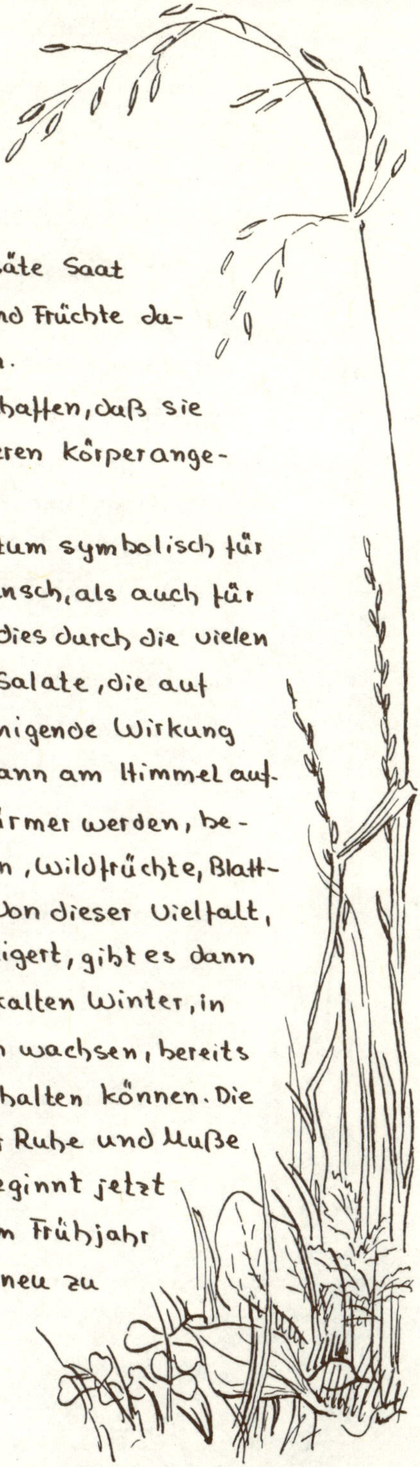

Haben wir erst einmal Einsicht in diesen wundervollen kosmischen Rhythmus bekommen, stellt sich bald ein Gefühl dafür ein, welche Nahrung zu welcher Zeit gut für uns ist. Der Körper ist unser Tempel, in dem wir wohnen und leben. Er ist der Ort, in dem wir die abenteuerliche Reise durch dieses Leben machen, all die Aufgaben und Verpflichtungen erfüllen, die uns zum Erwachen führen.

»Du bist, was Du ißt« ist vielleicht eine allzu starke Vereinfachung, doch enthält sie ein Körnchen Wahrheit; denn jede Nahrung, die wir zu uns nehmen, beeinflußt bereits in homöopathischen Dosen die Natur unserer Körperzellen und Organe auf ganz bestimmte Art und Weise. Zu Anfang ist es wohl kaum möglich, daß Du Deine Eßgewohnheiten radikal änderst, ohne Deinen Körper zu schädigen. Du kannst aber darauf achten, was und wie Du ißt. Allmählich wirst Du dann spüren, welche Nahrung für Dich förderlich, und welche hemmend ist. Bei den gegenwärtigen Kontroversen darüber, welche Nahrungsmittel »gut« und welche »schlecht« sind, scheint es offensichtlichtlich, daß es keine Diät gibt, die als besonders empfehlenswert angesehen werden kann. Laß Dich deshalb von dem Durcheinander der sich widersprechenden Ernährungslehren nicht verwirren, denn jede ist genauso richtig, wie sie falsch ist. Eine absolute allgemeingültige Diät gibt es nicht. Betrachte auch dies Buch nicht als etwas Absolutes, Allgemeingültiges, sondern vielmehr als einen Leitfaden, der Dir helfen kann, selber für Deinen Körper die angemessene Nahrung zu finden und zusammenzustellen.

Die Rezepte sind bewußt variabel angelegt, so daß Deiner Phantasie und Einfallsgabe genügend Spielraum bleibt. Die Mengenangaben, Zutaten, verschiedenen Kräuter und Gewürze kannst Du so verändern, wie sie für Dich am bekömmlichsten sind.

Viel Freude und Glück beim Zubereiten!

Auetal, im August 1981

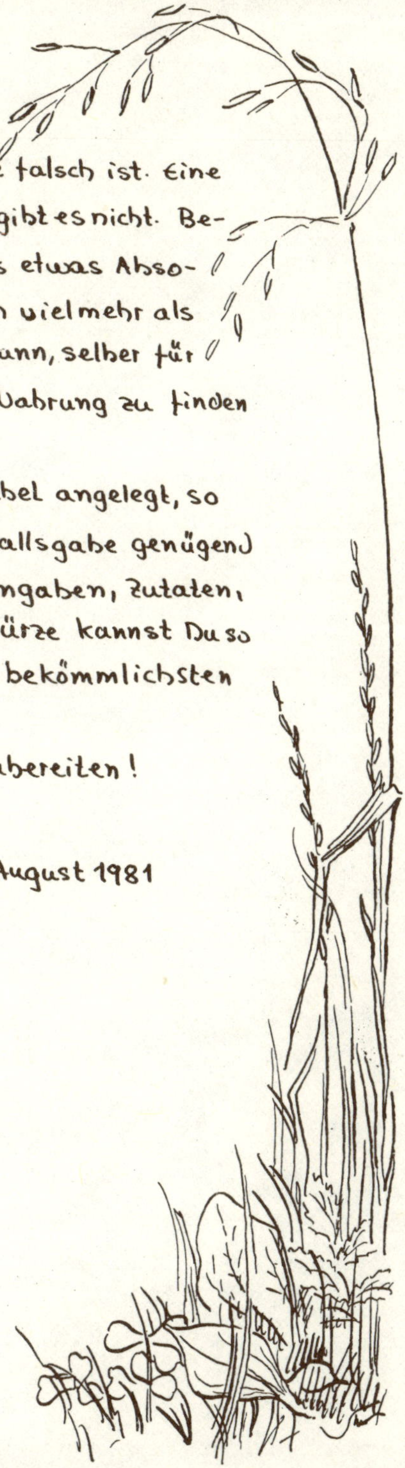

Die Zubereitung

Kochen oder nicht kochen?

Als vor vielen tausend Jahren das Feuer entdeckt wurde, hat sicher noch niemand geahnt, welch ein unsinniges Streitgespräch es unter den Ernährungsphilosophen und -wissenschaftlern auslösen würde: »Kochen oder nicht kochen?«.

Die Frage haben wir uns oft selbst gestellt, doch glauben wir nicht, daß es eine absolute, allgemeingültige Antwort darauf gibt. Du kannst die Frage zwar intellektuell für Dich beantworten und dann versuchen, dementsprechend Deine Ernährung umzustellen, doch führt dies unweigerlich zu Konflikt und Leid.

Vielleicht hast Du eingesehen, daß Rohkost die älteste und ursprünglichste Art der Nahrungsaufnahme ist und möchtest daher am liebsten alles nur noch frisch aus dem Garten essen. In Gedanken hast Du Dir schon vorgestellt, wie einfach und zugleich gesund es wäre, sich ausschließlich von Früchten und rohem Gemüse zu ernähren, daß Du dabei ganz Deinen Körper mit seinen eigenen Empfindungen vergessen hast. Denn er ist seit Jahrtausenden an Kochkost gewöhnt, seine Verdauungsorgane, die Magensäfte, alles hat sich allmählich der gekochten Nahrung ange-

paßt.
Jetzt, da Du glaubst, eingesehen zu haben, fällt es dem Körper natürlich schwer, sich nach so langer Zeit wieder so schnell umzustellen. Oft verkraftet der ganze Organismus eine derart radikale Umstellung nicht, und Du wirst krank und mußt Deine zu strenge Diät wieder lockern.
Du siehst also, daß es keinen Sinn hat, unsern Körper zu irgendetwas zu zwingen, was nicht wirklich aus ihm selbst kommt. Im Gegenteil, um ihn verstehen zulernen, müssen wir äußerst sanft und behutsam mit ihm sein. Wir müssen Geduld mit ihm und Geduld mit unserer eigenen Ungeduld haben.
Rohkost ist zweifellos die ursprünglichste Ernährungsform und gleichzeitig die einfachste, natürlichste und schonenste Zubereitungsart, doch vermag niemand zu sagen, ob sie auch für Dich die Richtige ist.
Um für Dich und Deinen Körper die angemessene Diät herauszufinden, mußt Du immer wieder probieren und aufmerksam beobachten, wie die Nahrung schmeckt, riecht, wie sie sich in Mund und Magen anfühlt, nicht zuletzt, wie sie wirkt: hat sie Dich leicht gesättigt und Dir neue Lebenskraft und Energie gegeben, oder fühlst Du Dich träge, müde und unzufrieden danach? Dies alles wirst Du erfahren, wenn Du bereit bist zu lernen, und mit wachem Geist und offenem Herzen dabeisein kannst.

Die Kunst der Zubereitung

Mit der Art und Weise der Zubereitung und der dabei herrschenden Gemütsbewegung beeinflussen wir entscheidend das Gelingen und die Wirkung der Speise, die dann ihrerseits wieder auf unseren Körper und somit auch auf unser Gemüt wirkt.
In unserem eigenen Interesse sollten wir daher immer wach sein und unsere Speise bewußt, liebevoll und freudig zubereiten. Kochst Du gar für Deine Familie oder Freunde, solltest Du Dich besonders verantwortlich fühlen und Deine ganze Kraft und Liebe hineingeben, das Echo wird unüberhörbar sein.
Doch um ein ausgewogenes, wohlschmeckendes Mahl bereiten zu können, bedarf es nicht nur Deiner ungeteilten Aufmerksamkeit und freudigen Hingabe. Du mußt auch ein Gefühl, ein tieferes Verständnis für die von Dir gerade zubereitete Nahrung bekommen.
Jede Möhre, jeder Kohlkopf ist eine in sich geschlossene Einheit, in dem sich das gesamte Universum widerspiegelt. Wir hacken Gemüse deshalb nicht wie Brennholz, sondern bemühen uns so zu schneiden, daß die Harmonie möglichst in jedem Stück erhalten bleibt.
Wurzelgemüse zum Beispiel, schneiden wir erst der

Länge nach, bevor wir es dann, ganz nach Wunsch, in dünne Scheiben, Halb- oder Viertelmonde zerteilen. Also stets so, daß jedes Stück ein Teil vom Innern und ein Teil von der äußeren Randschicht enthält.

Die wenigen Gemüsearten, die roh nicht so bekömmlich und schmackhaft sind, zerkochen wir nicht stundenlang in Wasser, sondern dünsten sie nur in etwas Oel 2-3 min an. Anschließend salzen wir es und lassen es nochmals ca. 5-10 min bei geschlossenem Deckel garen. Bei diesem Prozeß ist es besonders wichtig, daß der Deckel des Topfes gut abschließt, damit das aus dem Gemüse freiwerdende Wasser nicht verdampfen kann. Das somit im Topf bleibende Wasser verhindert das Anbrennen des Gemüses.

Das Küchenzubehör

Um eine gute, ausgewogene Speise zu bereiten brauchen wir keine große, aufwendige Kücheneinrichtung, sondern nur ein paar einfache, seit Jahrhunderten bewährte Geräte, mit denen sich jede Nahrung mühelos zu einem vollendeten Mahl verwandeln läßt. Da wir Gemüse wegen der in den Randschichten wertvollen, zum Teil lebensnotwendigen Substanzen nicht schälen, brauchen wir erstens eine Naturborstenbürste, um es damit sorgfälltig waschen und putzen zu können.

Zum Zerkleinern dient uns das Hocto, ein schweres japanisches Allzweckmesser, mit dem sich jedes Wurzel- und Blattgemüse spielend leicht in die von uns gewünschte Form schneiden läßt. Als Unterlage genügt ein einfaches, dickes unbehandeltes Holzbrett.

Zum Waschen von Getreide und Hülsenfrüchten eignet sich ein feines Maschensieb aus Metall. Um Gemüse und Getreide zu kochen brauchen wir auch keine Vielzahl von Töpfen und Pfannen, sondern nur eine kleine Auswahl. Diese allerdings aus edlen, ausgewählten Materialien, wie Gußeisen, Ton, Emaille oder Edelstahl. Besonders zu empfehlen sind Edelstahltöpfe mit einer Kupferschicht im Boden. Die Kupferschicht bewirkt, daß sich der Topf in kürzester Zeit erhitzt, was sehr energiesparend ist, und das darin enthaltene Gemüse sich somit in wenigen Minuten garen läßt.

Zum Garen von Getreide, daß wir nur aufkochen lassen, warm stellen und quellen lassen, eignen sich schwere Töpfe aus Gußeisen, die die Wärme besser halten.

Nach Möglichkeit benutzen wir keine Töpfe und Pfannen aus Aluminium und schon gar nicht kunststoffbeschichtete.

Zum Anrichten von Salatsaucen, zum Umrühren von Suppen und anderen Speisen bevorzugen wir Holzlöffel, da sie vom Material her neutral sind und unsere Töpfe und Pfannen nicht zerkratzen.

Die
Zutaten

Das Gemüse

Mit Erstaunen beobachten wir jedes Frühjahr von Neuem, wie sich die Natur in ihr grünes Gewand hüllt, wie Bäume, Sträucher und Kräuter unaufhörlich neue Blätter, Blüten und Früchte hervorbringen, die für unser Auge erquickend sind und unserem Körper als Nahrung dienen.

Auch in unserem Naturgarten wachsen und gedeihen jetzt eine Vielzahl von Beeren, Früchten, Blatt- und Wurzelgemüsen. Möhren, Rote Rüben, Kohlrabi und Kohl schmecken schon roh so gut, daß wir sie – wenn überhaupt – nur während der kalten Jahreszeit kochen. Grünkohl, Bohnen, Lauch und Steckrüben werden dagegen durch leichtes Andünsten bekömmlicher und schmackhafter.

Mit der Zeit wirst Du selbst herausfinden, welches Gemüse Dir roh und welches Dir gekocht schmeckt.

Hast Du keinen eigenen Garten, bist Du wohl oder übel darauf angewiesen, Deine Nahrung zu kaufen. Da aber in unserer heutigen, zerrütteten Welt nicht mehr nach Gesichtspunkten der Gesundheit und Bekömmlichkeit angebaut wird, sondern für die meisten Bauern und Gärtner einzig der Kilopreis ausschlaggebend ist, mußt Du besonders aufmerksam und prüfend beim Kauf Deiner »Lebensmittel« sein.

Die Praktiken der profitorientierten Anbaumethode

dürften mittlerweile allen bekannt sein, so daß an dieser Stelle nicht näher darauf eingegangen werden braucht. Du weißt sicher auch, wie fade die künstlich gespritzten, gedüngten Produkte schmecken und wie schädlich sie für Körper und Geist sein können.

Wenn Du also Dein Gemüse nicht selbst anbauen kannst und auch keine Möglichkeit hast, es aus erster Hand zu bekommen, frage im Naturkostladen oder Reformhaus nach biologischem, bio-dynamischem oder biologisch-organischem Gemüse und Obst. Denn alle anderen Gemüse und Früchte, die mit keiner dieser Bezeichnungen versehen sind, sind mit an Sicherheit grenzender Wahrscheinlichkeit auf irgendeine Art und Weise künstlich behandelt worden. Konventionell angebautes Obst ist dazu fast immer gewachst, Südfrüchte wie Bananen werden oft importiert und direkt vor dem Verkauf mit Heißluft künstlich zur Reife gebracht.

Doch das soll Dir nicht den Mut nehmen, denn wenn Du aufmerksam bist, wirst Du sehen, daß immer mehr Menschen den Weg zur Quelle einschlagen. So entstehen zum Beispiel ständig neue Einkaufsgemeinschaften, Naturkostläden, die wiederum von immer mehr biologischen Bauernhöfen und Gärtnereien, die ihre Pflanzen auf natürliche Art und Weise anbauen, beliefert werden. Bist Du bereit und offen, wirst Du auch in der heute oft so trostlosen Welt noch gesunde, energiespendende Nahrung finden.

Das lebendige Korn

Seit Urzeiten ist das Getreide die Grundlage menschlicher Ernährung gewesen. Verbacken zu dem »täglichen Brot«, aber auch als warme Hauptmahlzeit, hat es stets seinen festen Platz gehabt.
Dies änderte sich jedoch mit Beginn der Industrialisierung, als riesige Städte und Industriegebiete entstanden, die eine gewisse Vorratswirtschaft notwendig machten.
Vollkornmehl ist jedoch wegen der in der Keimanlage enthaltenen Oele, die in vermahlenem Zustand schnell oxydieren und bald einen ranzigen, bitteren Geschmack bewirken, nur begrenzt haltbar. Deshalb entwickelte man Schäl- und Aussiebungsverfahren, um den Keimling und die Hüllen des Getreidekorns vom übrigen Mehlkern zu trennen. Hieraus entstanden die unbegrenzt haltbaren »Auszugsmehle«, die wahrlich nur noch ein Auszug des vollen Getreidekorns sind.
Zur gleichen Zeit wurden durch erste ernährungswissenschaftliche Untersuchungen die Hauptnahrungsbestandteile Eiweiß, Fett und Kohlehydrate entdeckt. All die anderen, noch unerforschten Stoffe faßte man leichtfertig unter dem Sammel-

begriff: »Ballaststoffe« zusammen. Da man annahm, diese seien für den Körper nur Ballast, isolierte man sie von den übrigen Bestandteilen, um somit dem Körper nur die reinen Energieträger zuzuführen. Diese wissenschaftliche Feststellung hatte sich die Nahrungsmittelindustrie schon zur Grundlage für die Werbung ihrer neuen Produkte (Auszugsmehl, Zucker) gemacht, als kurze Zeit darauf durch die Entdeckung der Vitamine und Spurenelemente in den Ballaststoffen die alten Vorstellungen zunichte gemacht wurden. Da jedoch die ganze Maschinerie schon in Gang gebracht worden war und entsprechende Änderungen vermutlich so aufwendig gewesen wären, ignorierte man einfach die neuen Erkenntnisse.

Inzwischen sind zahlreiche Veröffentlichungen über dieses Thema erschienen, doch die einstigen Annahmen haben eine derartige Zählebigkeit entwickelt, daß heute die meisten Menschen noch immer in Unkenntnis über ihre Nahrungsmittel und die daraus entstehenden Krankheiten leben. Viele können sich gar nicht vorstellen, daß eine gesunde Pflanzenkost auch schmackhaft und abwechslungsreich sein kann. Wunderbarerweise sind der Zubereitung von Getreide kaum Grenzen gesetzt. Die verschiedenen Körnerfrüchte lassen sich auch gut mit rohem und gedünstetem Gemüse zu wohlschmeckenden, harmonischen Speisen kombinieren, aus denen sich stets neue Varianten ergeben.

Damit Deine Speisen auch rein und gesund sind, solltest Du beim Kauf von Getreide darauf achten, daß Du wirklich lebendige Körner bekommst, d.h. Körner, die noch voll keimfähig und auf gesundem Boden natürlich gereift sind. Denn nur diese Körner enthalten die so lebensnotwendigen Vitamine, ungesättigten Fettsäuren, Mineralien und Spurenelemente in ihrer unverfälschten natürlichen Ganzheit.

Alle Produkte mit dem DEMETER-Zeichen sind auf einem Boden gewachsen, der mindestens 7 Jahre biologisch dynamisch bebaut worden ist. Diese Erzeugnisse haben den höchst möglichen Reinheitsgehalt.

Zwei weitere akzeptable Anbaumethoden sind die biologische und die biologisch-organische. Getreide, Gemüse und Obst aus diesem Anbau sind ebenfalls noch zu empfehlen. Du bekommst diese Nahrungsmittel in Naturkostläden, Reformhäusern oder direkt von biologisch arbeitenden Gärtnereien und Bauernhöfen.

Das Oel

Auch bei der Oelherstellung sind die einfachen, natürlichen Verfahren unserer Groß- und Urgroßväter durch die zunehmende Technisierung immer mehr verdrängt worden.

Damals wurden die Oele noch in alter Tradition durch Abschöpfen der kaltgepreßten Oelfrüchte gewonnen und enthielten die fettlöslichen Vitamine und ungesättigten Fettsäuren in ihrer natürlichen Zusammensetzung. Auch in hydraulischen Zylinderpressen und – in neuerer Zeit – in den mit hohem Druck arbeitenden Schneckenpressen lassen sich noch gute Oele herstellen.

Da jedoch bei all diesen mechanischen Verfahren ein geringer Prozentsatz Oel im Oelkuchen zurückbleibt und dem Erzeuger verlorengeht, ist man dazu übergegangen mit hoher Hitze und Lösungsmittelextraktion zu arbeiten. Bei letzterer Methode wird das Oel nicht mehr durch Pressung, sondern durch hochgiftige, chemische Fettlösungsmittel gewonnen, die zwar eine totale Ausbeute garantieren, aber alle wesentlichen Vitalstoffe zerstören! Nachweisbare Reste der giftigen Substanzen in den Oelen sind nicht auszuschließen. Dem so entstandenen Produkt ist seine natürliche Herkunft nicht mehr anzusehen. Tatsächlich handelt es sich nicht mehr um ein naturbelassenes Pflanzenoel, sondern vielmehr um ein industrielles, denaturiertes Erzeugnis, das all seiner ursprünglichen, wertvollen Bestandteile beraubt wurde.

Die äußerst reaktionsfreudigen, für unseren Organismus lebensnotwendigen, ungesättigten Fettsäuren werden alle in gesättigte überführt, die tot sind und keine andere Bindung mehr eingehen können. Diese nehmen die meisten von uns ohnehin schon zur Genüge in anderer Form zu sich.

Die durch den Genuß dieser Oele möglicherweise entstehenden Krankheiten sind heute noch unerforscht. Wenn Du Deinen Körper davor bewahren willst, sei Dir geraten, nur kaltgepreßte, naturbelassene Pflanzenoele zu verwenden. Sie werden auf schonende Weise gewonnen und enthalten die natürlichen Bestandteile in der Form, wie sie unser Organismus benötigt.

Auch beim Margarinekauf mußt Du sehr achtsam sein, denn die Handelsüblichen Margarinen sind alle künstlich gehärtet und vitaminisiert. Sie werden aus minderwertigen pflanzlichen und tierischen Oelen gewonnen. Der Zusatz von chemischen Emulgatoren, welche die Fett-Wasser Emulsion stabil halten sollen, ist längst selbstverständlich. Sie enthalten noch eine Reihe anderer chemischer Substanzen, deren Auswirkungen für den Körper noch undurchschaubar sind.

Du solltest auch sie meiden und lieber ungehärtete Pflanzenmargarine mit mehrfach ungesättigten Fettsäuren in die Gruppe Deiner Nahrungsmittel aufnehmen. Es ist besser einige sorgfältig ausgewählte Lebensmittel in der Tasche zu haben, als eine Vielzahl minderwertiger Produkte.

Meersalz ist mehr als Salz

Das Salz nimmt zwar im Vergleich zu unseren Grundnahrungsmitteln eine untergeordnete Stellung ein, scheint aber für unseren Körper nicht ganz unbedeutend zu sein.

Das handelsübliche, in Salzstöcken schichtweise abgebaute Kochsalz ist allerdings ein völlig denaturiertes Produkt, dessen biologische Ganzheit durch Raffinieren und andere chemische Prozesse zerstört worden ist. Dieses, nur noch aus Natrium und Chlor bestehende Salz ist als ein isolierter Stoff für unseren Körper nicht nur wertlos, sondern schädigend.

Im Gegensatz dazu enthält das aus dem Meer gewonnene Salz noch das ganze Spektrum an Mineralien und Spurenelementen. Diese so ausgewogene Mineralmischung des Meersalzes ist in derselben Zusammensetzung in unserem Blut wiederentdeckt worden.

Meersalz ist also nicht nur Salz, sondern ein natürlich vorkommendes Mineral, das in unverfälschtem Zustand belebend und harmonisierend wirkt.

Gomasio

Gomasio ist eine Würzmischung aus gerösteten Sesamsamen und Meersalz, die auf Brot, zu Salaten, Gemüse und Getreidespeisen schmeckt.
Für den Eigenbedarf ist Gomasio leicht selbst herzustellen.
Das Verhältnis Sesam zu Meersalz kann ganz nach Belieben verändert werden. Eine ausgewogene, nicht zu salzige Mischung ist: 7 EL ungeschälten Sesam auf 1 EL Meersalz. Salz und Sesam werden getrennt geröstet, der Sesam bei kleiner Flamme, bis er goldgelb ist. Wenn das Salz trocken pulverisiert ist, gibst Du den Sesam dazu und zerstößt beides sanft im Mörser.
Gomasio schmeckt frisch am besten und sollte deshalb nicht länger als eine Woche aufbewahrt werden.

Müsli und Crèmes

Frischkorn-Müsli

2Tassen	Weizenschrot
2Tassen	Wasser
4 4EL	Haferflocken
100g	Trockenfrüchte nach Wahl
1EL	Honig
	frisches Obst der Jahreszeit
2MS	Zimt
2MS	Ingwer
1handvoll	gehackte Haselnüsse

Am Abend ca. 2Tassen frisch gemahlenen Weizenschrot in 2 Tassen Wasser einweichen und über Nacht bedeckt quellen lassen.

Am nächsten Morgen Haferflocken, Honig, Gewürze, Trockenfrüchte und frisches Obst der Jahreszeit dazugeben. Alles gut miteinander vermengen und vor dem Servieren mit kleingehackten Haselnüssen bestreuen.

Leinsaat-Müsli

4 EL	Leinsamen
1 Tasse	Wasser
100 g	Feigen
2 EL	Haferflocken
50 g	Haselnüsse
1 EL	Honig
1 Prise	Zimt
1 Prise	Ingwer
	frisches Obst der Jahreszeit

Den Leinsamen am Abend frisch schroten und in 1 Tasse Wasser über Nacht quellen lassen. Die Feigen ebenfalls am Abend in Wasser einweichen. Am Morgen schneidest Du die Feigen klein und vermischst sie in einer Schale mit dem Leinsamen, dem Einweichwasser und den übrigen Zutaten. Frisches Obst der Jahreszeit kleinschneiden und vor dem Servieren dazugeben.

Frischkorn mit Mohn

2Tassen	Weizenschrot
4EL	Mohn
2Tassen	Wasser
3EL	Honig
1MS	Zimt
	Früchte der Jahreszeit

Am Abend den Weizen und Mohn frisch mahlen und zusammen in Wasser über Nacht quellen lassen. Am Morgen Honig und Zimt untermischen und frische, kleingeschnittene Früchte dazugeben. Mit Kokosraspeln oder gehackten Nüssen bestreuen.

Reis ~ Crème

1 Tasse	Vollreis
5-6 Tassen	Wasser
1 EL	Ahornsirup
2-3 EL	Honig
½ - 1 TL	Zimt
1 Prise	Meersalz

nach Belieben:

1 Tasse	Rosinen
1 Tasse	Nüsse
etwas	abgeriebene Zitronenschale

Mahle den Reis zu feinem Mehl und rühre ihn zunächst mit etwas kaltem Wasser an. Dann gib das restliche Wasser und die Rosinen hinzu und lasse die Crème aufkochen, dabei ständig rühren.

Wenn Du den Topf vom Feuer genommen hast, kannst Du die feingehackten Nüsse und die übrigen Zutaten untermischen und ganz nach Wunsch mit etwas Butter oder Magarine abschmecken.

Miso ~ Reis ~ Crème

1 Tasse	Vollreis
6 Tassen	Wasser
½ Tasse	Miso
1 EL	Tahin
½ TL	Meersalz
je 1 Bund	Petersilie und Schnittlauch
1-2 EL	Magarine oder Butter

Den möglichst frischgemahlenen Reis in einem Topf mit etwas Wasser anrühren. Das Miso und Tahin ebenfalls in etwas Wasser auflösen und zu dem Reismehl geben. Die restliche Flüssigkeit und das Salz hinzufügen, aufkochen lassen und mit einem Holzlöffel ständig umrühren. Anschließend den Topf vom Feuer nehmen, die feingehackten Kräuter unterziehen und mit 1-2 EL Fett abbinden.

Carob-Reiscrème

1 Tasse	Vollreismehl
5 Tassen	Wasser
2 EL	Carob, Johannisbrotmehl
3 EL	Honig
Prise	Meersalz
Prise	Zimt

Zuerst rührst Du das Johannisbrotmehl in einer Tasse mit etwas kaltem Wasser an, bevor Du es dann zu dem (angerührten) Reismehl gibst. Unter ständigem Rühren läßt Du die Crème aufkochen, nimmst sie vom Feuer und mischt die anderen Zutaten unter.
Etwas Sahne, Butter oder Margarine machen die Crème noch schmackhafter.

Weizen-Crème

1½ Tassen	Weizenvollkornmehl
5 Tassen	Wasser
1 Prise	Meersalz
100 g	Datteln
2 EL	Sanddorn
2 EL	Kokosraspeln
1 EL	Butter oder Margarine

Das möglichst frisch gemahlene Mehl in Wasser anrühren und mit den kleingeschnittenen Datteln unter ständigem Rühren aufkochen lassen. Den Topf vom Feuer nehmen, salzen, Sanddorn und Kokosraspeln hinzugeben. Mit etwas Butter oder Margarine abbinden.

Haferschrot-Brei

2 Tassen	feingeschroteten Hafer
3 Tassen	Wasser
1 Tasse	Rosinen
1 Tasse	feingehackte Nüsse
2 EL	Dattelpaste
1 EL	Sanddorn
1-2 EL	Honig
Prise	Meersalz
Prise	Zimt

Rühr den feingeschroteten Hafer mit etwas Flüssigkeit an, bevor Du das restliche Wasser hinzugibst. Laß den Brei aufkochen und rühr ab und zu um. Nimm den Topf vom Feuer und mische die restlichen Zutaten unter. Nach Belieben 1-2 EL Fett hinzugeben.

Hafer ~ Carob ~ Crème

2 Tassen	Hafermehl
6 Tassen	Wasser
1-2 EL	Carob, Johannisbrotmehl
1 EL	Nußmus
2-3 EL	Honig
2 EL	Kokosraspeln

Nach Belieben kannst Du noch

1 Prise	Vanille
1 Prise	Zimt
1-2 EL	Quark oder Margarine hinzugeben.

Das möglichst frisch gemahlene Hafermehl mit dem Johannisbrotmehl in kaltem Wasser anrühren. Mit der restlichen Flüssigkeit auffüllen und unter ständigem Rühren aufkochen lassen. Vom Feuer nehmen und Nußmus, Honig und Kokosraspeln unterziehen.

Gerstenbrei

1 Tasse	Gerste oder
$1\frac{3}{4}$ Tasse	Gerstenmehl
6 Tassen	Wasser
1 Tasse	Rosinen
2-3 EL	Honig
1 Prise	Zimt
1 Prise	Meersalz

Wenn möglich, mahle die Gerste frisch und rühr sie zunächst mit etwas Wasser klumpenfrei an. Gib die restliche Flüssigkeit hinzu und laß den Brei aufkochen. Dabei rührst Du ständig um. Zum Schluß mischst Du die übrigen Zutaten unter und servierst den warmen Brei in kleinen Schalen. Wenn Du magst, kannst Du ihn noch mit Nüssen oder Sonnenblumenkernen garnieren.

Gemüse-
Frischkost

Wildkräuter-Salat

3 EL	Sonnenblumenoel
1½ EL	Obst-Essig
1 Prise	Meersalz
1 TL	Honig

ca. 25g	junge Löwenzahnblätter
	einige Löwenzahnknospen
ca. 50g	junge Taubnesselblätter
3-5	Blätter Gundermann

Wasche die Wildkräuter sorgfältig, schneide sie in dünne Streifen und menge sie unter die Sauce.
Beim Sammeln von Wildgemüse vergewissere Dich, ob an der Stelle und in unmittelbarer Umgebung nicht gespritzt worden ist.

Löwenzahnsalat

ca 300g	frische, junge Löwenzahnblätter
2-3	Löwenzahnblüten
	einige Breitwegerichblätter
1 Bund	Pimpinelle
1	Zwiebel
1	Knoblauchzehe
½ TL	Meersalz
1 EL	Oel
1 EL	Essig
1 TL	Honig

Aus Oel, Essig, Honig und Meersalz eine Sauce bereiten. Die zerdrückte Knoblauchzehe, sowie die feingeschnittene Zwiebel und Pimpinelle untermischen. Die Löwenzahn- und Breitwegerichblätter waschen und gut mit der Sauce vermengen. Wenn Du magst, kannst Du den Salat mit den Löwenzahnblüten garnieren.

Brennessel-Salat

3 EL Sauerrahm
1 EL Essig
1 TL Meersalz
1 TL Basilikum
1 TL Honig

ca. 300 g frische, junge Brennesseln
1 Birne
50 g Haselnüsse

Die frischgesammelten Brennesseln unter kaltem Wasser abspülen und sehr fein schneiden. Die Birne würfeln und die Haselnüsse kleinhacken. Alles in die vorbereitete Sauce geben und gut miteinander vermengen. Das Verrühren ist sehr wichtig, damit die feinen Brennesselhärchen geknickt werden und an der Lippe und Zunge nicht mehr brennen.
15-20 min ziehen lassen, dann nochmals durchrühren und mit ganzen Haselnüssen garniert servieren.

Kopfsalat mit Sojabohnen

200g Dickmilch
3EL Olivenoel
$\frac{1}{2}$TL Meersalz
1TL Thymian
2TL Kerbel

2 Zwiebeln
100g gekeimte Sojubohnen
1 großen Kopfsulat

Dünste die Zwiebel in einem Eßlöffel Oel kurz an und gib sie zu der angemachten Sauce. Den Kopfsulat waschen, mit den Händen in Stücke teilen und mit den vorgekeimten Sojabohnen in der Sauce vermischen. Statt Thymian und Kerbel kannst Du auch frische Kräuter der Jahreszeit nehmen.

Kopfsalat in Tahinsauce

2 EL Sonnenblumenoel
1 EL Obst-Essig
1 EL Tahin
1 EL Wasser
1 Prise Kräutermeersalz

2 Kopfsalat

Den Kopfsalat waschen, abtropfen lassen und nach Belieben entweder die ganzen oder die in Stücke gerissenen Blätter unter die Sauce mengen.

Eissalat mit Sonnenblumenkernen

Sauce:

2 EL	Sonnenblumenoel
1 Tasse	Kleie
½-1 Tasse	Apfelsaft
1 EL	Gomasio
1	Eissalat
2	Äpfel
2 Tassen	Sonnenblumenkerne

Den in Streifen geschnittenen Eissalat mit den gewürfelten Äpfeln und den Sonnenblumenkernen unter die Salatsauce mischen. Zum Garnieren kannst Du einige Apfelstücke und Sonnenblumenkerne zurückbehalten.

Eissalat, süß

250g Dickmilch
1EL Honig
1 zerdrückte Banane
100g Rosinen
1TL Delifrut
$\frac{1}{2}$TL Fenchel
$\frac{1}{4}$TL Anis
1Prise Meersalz
1 Eissalat

Verrühre den Honig, die zerdrückte Banane und die Gewürze mit der Dickmilch und gib den feingeschnittenen Eissalat und die Rosinen dazu Alles gut vermengen und eine Weile bedeckt ziehen lassen.

Chicorée

3 El	Olivenoel
5 El	saure Dickmilch
1 TL	Kräutersenf (Demeter)
1 Prise	Meersalz
1 TL	Kerbel
½ TL	Basilikum
½-1 TL	Thymian
4	Chicoreé
½-1 Tasse	Oliven

Bereite aus Oel, Dickmilch und Senf eine Sauce, in die Du die Kräuter hineinrühst.
Den Chicorée in feine, dünne Streifen schneiden und unter die Sauce geben. Die Oliven kannst Du alle untermengen oder einige zurückbehalten, um damit den Salat zu verziehren.

Chicorée ~ Möhren ~ Rohkost

4 El Dickmilch
1 TL Tamari
1 Prise Kräutermeersalz

4 Chicorée
3 Möhren
1 Zwiebel
3-4 El Rosinen
2 El Margarine

Dünste die Zwiebel in der Margarine, laß sie etwas abkühlen, und gib sie zu der Sauce aus Dickmilch, Tamari und Meersalz.
Schneide den Chicorée und die Möhren klein, und vermenge sie in der Sauce. Wenn Du magst, kannst Du noch 3-4 EL Rosinen dazugeben.

Möhren-Salat, pikant

3 EL Sesamoel
1 ½ El Essig
½ TL Kräutermeersalz
½ TL Meerrettich

5 mittelgroße Möhren
1 Bund frische Petersilie

Die Möhren in feine, dünne Streifen schneiden oder raspeln und unter die vorbereitete Sauce mischen. Die Petersilie feinhacken und die Hälfte davon dazugeben. Mit der anderen Hälfte den fertigen Salat bestreuen. Nach Wahl mit Gurkenscheiben, grünen Oliven und/oder frischem Sojakäse garnieren.

Möhren in Nußsauce

1 El Haselnußmus
2 El Wasser
1 El Honig
1 Prise Meersalz

1 Apfel
7 mittelgroße Möhren

Nußmus, Wasser und Honig zu einer Sauce anrühren. Den Apfel reiben und untermischen. Dann die geraspelten oder in ganz feine Scheiben geschnittenen Möhren dazugeben und alles gut miteinander vermengen.
Vor dem Servieren kannst Du den Salat noch mit Haselnüssen garnieren und/oder mit Kokosraspeln bestreuen.

Möhren ~ Obst ~ Salat

2 EL Sonnenblumenoel
1 Tasse Dickmilch
1 EL Cashewnußmus
1 EL Honig
2-3 EL Kokosraspeln

4 mittelgroße Möhren
1 Pfirsich
1 Apfel

Die Möhren in feine Streifen raspeln und mit dem kleingeschnittenen Pfirsich und Apfel unter die Sauce heben. Nach Belieben kannst Du den Salat mit Haselnüssen, Kokosraspeln und/oder Pfirsichstücken garnieren.

Erbsen ~ Möhren ~ Rohkost

200g Dickmilch
2TL Miso
2TL Demeter-Senf

250g frische Erbsen
250g junge Möhren

ca. 20 frische Melissenblätter
ca. 10 frische Minzenblätter

Die in dünne Scheiben geschnittenen oder gewürfelten Möhren mit den Erbsen unter die Sauce mengen. Die frischen Melissen- und Minzenblätter kannst Du nach Wahl entweder ganz oder feingehackt dazugeben.

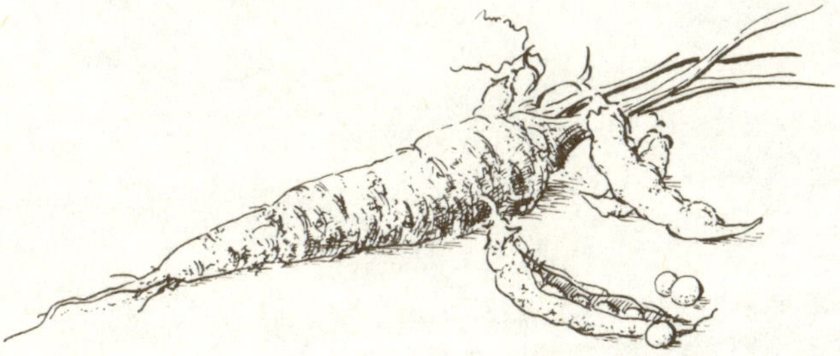

Endivien-Salat

1 Kopf Endiviensalat
2 Paprikaschoten
3 EL Olivenoel
1 EL Essig
2 EL Sauerrahm
1 TL Kräutermeersalz
Oliven zum Garnieren

Den Endiviensalat und die Paprikaschoten in sehr feine Streifen schneiden und unter die vorbereitete Sauce mengen.
Nach Belieben frische Kräuter wie Dill, Schnittlauch, Petersilie dazugeben.
Vor dem Servieren kannst Du den Salat noch mit schwarzen Oliven und/oder Tomaten garnieren.

Kohlrabi - Rohkost

2 EL Sonnenblumenoel
1 EL Essig
2 EL Sauerrahm
1 TL Kräutermeersalz
1 Prise Muskat
1 Bund frischen Dill

3 Kohlrabi

Die Kohlrabi in sehr dünne Streifen schneiden oder raspeln und mit der Salatsauce benetzen. Vor dem Servieren mit frischem, feingehacktem Dill oder anderen Kräutern der Jahreszeit bestreuen.

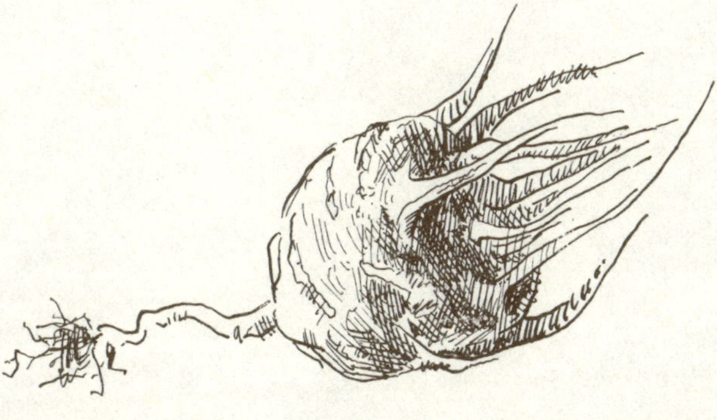

Kohlrabi mit Nüssen

2 EL Sonnenblumenoel
150 g Bioghurt
1 EL Honig
1 Prise Meersalz
1 Tasse Haselnüsse
4 Kohlrabi

Die Kohlrabi in feine, dünne Streifen schneiden und mit der vorbereiteten Sauce vermischen. Die Huselnüsse ganz feinhacken oder mahlen und dazugeben. Alles gut miteinander vermengen, mit ganzen Nüssen garnieren und in kleinen Schalen servieren.

Kohlrabi - Möhren - Rohkost

2 EL Sauerrahm
1 EL (kaltgeschlagenes) Sonnenblumenoel
½ EL Obst-Essig
1 Prise Kräutermeersalz
1 Prise Muskat
1 Bund frische Petersilie

2 Kohlrabi
2 mittelgroße Möhren

Schneide die Kohlrabi in kleine Streifen und gib sie mit den gewürfelten Möhren zu der Sauce. Vermenge alle Zutaten gut miteinander und bestreue sie abschließend mit feingehackter Petersilie.

Gemischter Salat

2 El Sonnenblumenoel
2 El Joghurt
1 Prise Meersalz
1 Prise Zimt
1 El Kokosraspeln

½ Steckrübe
½ rote Rübe
2 Möhren
1 Apfel
1 Tasse Rosinen

Die verschiedenen Gemüse sehr fein schneiden und unter die vorbereitete Sauce mischen. Den Apfel nach Belieben reiben oder auch kleinschneiden und zusammen mit den Rosinen zu dem Salat geben. Alles gut miteinander vermengen und mit frischen Früchten oder Kräutern der Jahreszeit garnieren.

Balkan-Salat

2 EL Olivenoel
1 EL Essig
½ TL Meersalz
½ TL Oregano
¼ TL Basilikum
1 Stück Tofu oder Schafskäse
1 Tasse Oliven
1 Knoblauchzehe
1 kleine Zwiebel
1 Salatgurke
4 Tomaten

Bereite eine Sauce aus Oel, Essig und den angegebenen Gewürzen. Die Knoblauchzehe zerdrücken und mit der kleingeschnittenen Zwiebel zu der Sauce geben. Schneide die Salatgurke und die Tomaten in dünne Scheiben und vermische alles gut miteinander. Zum Schluß gibst Du den gewürfelten Tofu oder Schafskäse und die Oliven dazu.
Zum Garnieren des Salates kannst Du eine geviertelte oder geachtelte Tomate und einige Oliven nehmen.

Gurken in Misosauce

2 EL Sonnenblumenoel
1½ EL Tahin
1 EL Miso
1 EL Wasser
½ TL Kräutermeersalz
½ TL Oregano
¼ TL Basilikum
1 Salatgurke
1–2 Tomaten zum Garnieren

Tahin und Miso mit Oel und Wasser zu einer glatten Sauce verrühren. Die Sauce ist zuerst etwas dick, wird aber durch das Wasser der Gurke dünner. Salz und Gewürze hinzugeben und die in dünne Scheiben geschnittene Gurke mit der Sauce vermengen.

Gurkensalat in Meerrettichsauce

2 EL	Olivenoel
2 EL	Bioghurt
2-3 EL	frisch geriebenen Meerrettich
1 TL	Kräutermeersalz
$\frac{1}{4}$ TL	Basilikum
	frische Kräuter der Jahreszeit
1	Salatgurke

Den frisch geriebenen Meerrettich mit Oel und Bioghurt zu einer Sauce anrühren. Salz, Basilikum und frische Kräuter nach Wahl untermischen

Die in dünne Scheiben geschnittene Salatgurke dazugeben und alles gut miteinander vermengen. Zum Garnieren eignen sich Oliven oder Tomaten besonders gut.

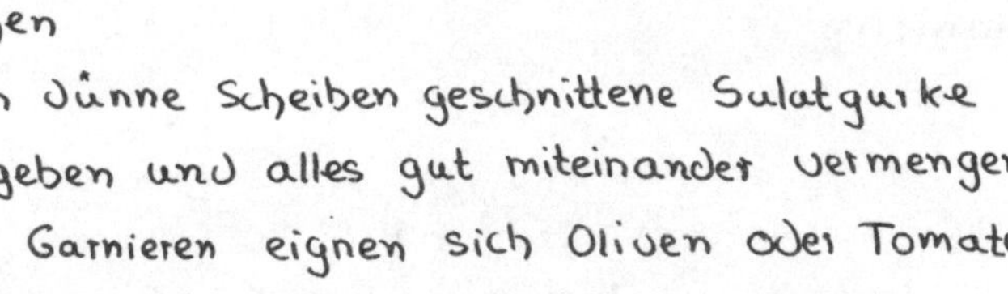

Blumenkohl-Salat

2 EL Sesam-Oel
1 EL Haselnußmus
2 EL Wasser
1 TL Honig-Sanddorn
$\frac{1}{4}$ TL Meersalz
1 kleinen Blumenkohl

Den Blumenkohl sehr fein raspeln oder schneiden und unter die vorbereitete Sauce mischen. Alles gut vermengen und mit einem halben Pfirsich, vier Trockenpflaumen und Haselnüssen garnieren.

Broccoli in Nußsauce

2 EL Nußmus
½ Tasse Wasser
1 EL Honig
1 Prise Zimt
1 Prise Meersalz
500 g Brokkoli

Das Nußmus mit Wasser, Honig, Zimt und Meersalz zu einer Sauce anrühren. Den Brokkoli ganz fein schneiden und mit der Sauce gut vermischen.

Broccoli mit Tomaten

2 El Sonnenblumenoel
1 El Essig
½ Tl Kräutermeersalz
1 Tl Tamari

500g Brokkoli
3-4 Tomaten
frische Kräuter der Jahreszeit

Den feingeschnittenen Brokkoli in die vorbereitete Sauce geben. Die Tomaten in dünne Scheiben schneiden und mit dem Brokkoli in der Sauce gut vermengen. In kleine Salatschalen füllen und nach Belieben mit frischen Gartenkräutern bestreuen.

Fenchel-Salat

2 EL Sonnenblumenoel
3 EL Sauerrahm
2 EL Haselnußmus
$\frac{1}{4}$ TL Meersalz
1 Prise Zimt

3 Fenchelknollen
1 Pfirsich
1 Apfel

Fenchelknollen, Apfel und Pfirsich waschen, in kleine Stücke schneiden und unter die vorbereitete Sauce mischen.

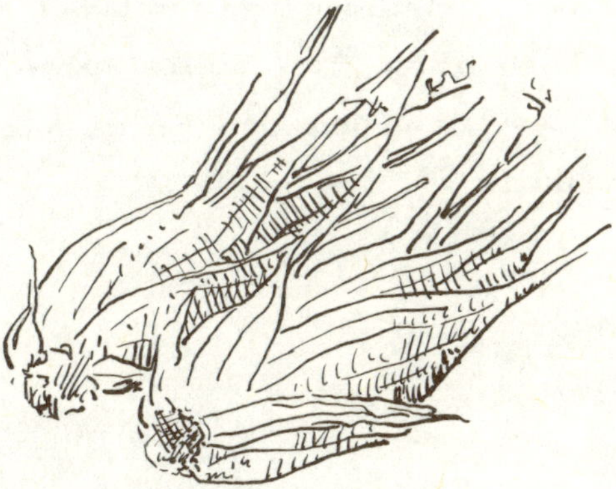

Rote Beete - Rohkost

2 EL Sonnenblumenoel
1 EL Obst-Essig
1 EL Tahin
½ TL Meersalz
1 Knoblauchzehe
¼ TL Basilikum
1 Prise Muskat
1 Bund frischen Dill

4 Rote Beete
1 Zwiebel

Die Rote Beete raspeln oder in feine, dünne Streifen schneiden und mit der kleingehackten Zwiebel unter die Sauce geben.
Vor dem Servieren den Salat mit frischem Dill bestreuen.

Rote Beete mit Erbsen

2 EL	Disteloel
½ EL	Vinegar, Reisessig
1 TL	Tamari
¼ TL	Meersalz
1 Bund	frische Petersilie
3	mittelgroße Rote Beete
1 Tasse	frische Erbsen

Die Rote Beete in dünne Streifen schneiden oder raspeln und unter die Sauce mischen. Dann gibst Du die Erbsen dazu, vermengst alles gut miteinander und läßt den Salat bedeckt 15 - 20 min ziehen.
Vor dem Servieren gibst Du die gehackte Petersilie darüber.

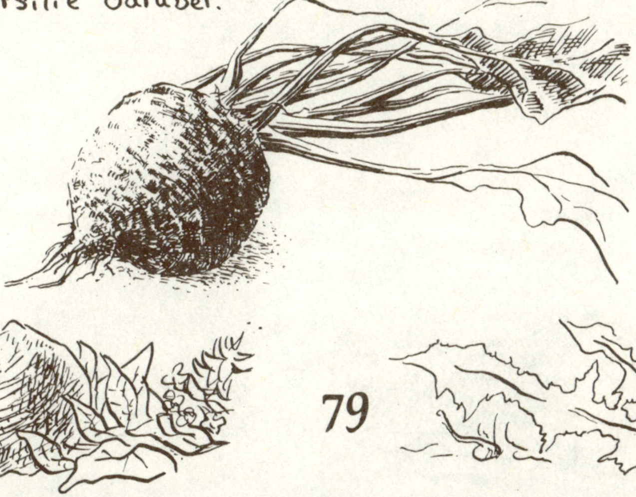

Sellerie, pikant

1	Sellerieknolle
3 EL	Olivenoel
1 $\frac{1}{2}$ EL	Essig
2 EL	Sauerrahm
1 TL	Kräutermeersalz
	frische Kräuter der Jahreszeit

Den Sellerie in feine Streifen schneiden oder raspeln und unter die vorbereitete Sauce mischen. Nach Belieben mit frischen, kleingehuckten Kräutern der Jahreszeit servieren.

Sellerie ~ Apfel ~ Rohkost

2 EL Sonnenblumenoel
2 EL Sauerrahm
1 EL Nußmus
1 EL Honig
$\frac{1}{4}$ TL Meersalz
1 Sellerieknolle
1 Apfel
$\frac{1}{2}$ Tasse gehackte Haselnüsse

Den Sellerie und den Apfel in feine, dünne Streifen raspeln oder schneiden und unter die vorbereitete Sauce mengen. Die gehackten Haselnüsse dazugeben und alles gut miteinander vermischen.
Zum Garnieren einen halben Apfel in acht dünne Stückchen schneiden und (kreisförmig) auf den Salat legen.

Obst-Salat

3	Äpfel
3	Birnen
100g	Datteln
50g	Rosinen
50g	Haselnüsse
250g	Sahnequark
1 Tasse	Wasser
$\frac{1}{4}$ TL	Zimt
1 EL	Kokosraspeln

Aus Quark, Datteln, Nüssen und Wasser im Mixer eine Sauce bereiten und diese in eine Salatschale geben. Die kleingeschnittenen Äpfel und Birnen untermengen. Rosinen, Zimt und Kokosraspeln hinzufügen und alles gut miteinander vermischen. In kleine Dessertschalen füllen und mit Haselnüssen garnieren.

Rhabarber-Rohkost

250g Dickmilch
2-3 El Honig
2 MS Vanille
3 MS Anis
100g Kokosraspeln
50g Rosinen
ca. 400g jungen Rhabarber

Den Rhabarber, wenn notwendig, schälen, in dünne Scheiben schneiden und gut mit der Sauce vermischen. Den Salat 15-20 min ziehen lassen.
Vor dem Servieren kannst Du ihn noch mit gehackten Nüssen bestreuen.

Weißkohl in Misosauce

2 El Disteloel
1 El Miso
½ El Tahin
1 El Quark
½ Tasse Wasser
½ TL Meersalz
je 1 Prise Fenchel, Kümmel und Anis
5 El Kürbiskerne
1 Kleinen Weißkohl

Aus Oel, Miso, Tahin, Quark, Salz und Wasser eine Sauce bereiten. Die Gewürze unterrühren, den feingeschnitzelten Weißkohl und die Kürbiskerne dazugeben. Alles gut miteinander vermengen und 15 min bedeckt ziehen lussen. Vor dem Servieren mit Tomatenscheiben und/oder frischen Kräutern der Jahreszeit garnieren.

Weißkohl, griechisch

2 EL Olivenoel
1 EL Essig
1 EL Basilikum
1 TL Kräutermeersalz
1 Knoblauchzehe

½ Weißkohl
1 kleine Zwiebel
1 Tasse Oliven

Die Zwiebel nach Belieben kleinhacken oder in Ringe schneiden und zusammen mit dem geraspelten Weißkohl unter die Sauce mengen. Dann die Oliven dazugeben, mit denen Du auch den Salat verziehren kannst. Wenn Du die Nachwirkung von dem Knoblauch nicht haben möchtest, kannst Du ihn mit etwas Ingwer neutralisieren.

Wirsing-Rohkost

200g Sauerrahm
2EL Vinegar, Reisessig
1EL Tahin
1TL Tamari
1TL Honig

½ Wirsingkohl
1Bund frische Petersilie

Den Ruhm mit Essig, Tahin, Tumari und Honig zu einer Mayonnaise anrühren. Den Wirsingkohl feinschneiden und in der Sauce anrichten. Einige Minuten bedeckt ziehen lassen, dann mit gehackter Petersilie bestreuen und servieren.

Wirsing- mit Tomaten

- 2 EL Olivenoel
- 2 EL Sauerrahm
- 1-2 TL Demeter-Kräutersenf
- 2 TL Meerrettich
- ½ TL Oregano
- ¼ - ½ TL Basilikum

- ½ Wirsingkohl
- 4 Tomaten

Den Wirsingkohl raspeln oder in feine Streifen schneiden. Die Tomaten in dünne Scheiben schneiden und beides unter die Salatsauce ziehen. Alles gut miteinander vermengen und einige Minuten bedeckt ziehen lassen. Eine Tomate in acht Stücke teilen und vor dem servieren auf den Salat legen.

Rotkohl, pikant

3 EL Sonnenblumenoel
1½ EL Obst-Essig
1 TL Demeter-Senf
1½ TL Kräutermeersalz
1 Prise Nelken
1 Prise Muskat

1 kleiner Rotkohl

Den Rotkohl feinschnitzeln und mit der Sauce gut vermischen.
Zum Verziehren bieten sich frische Kräuter der Jahreszeit an.

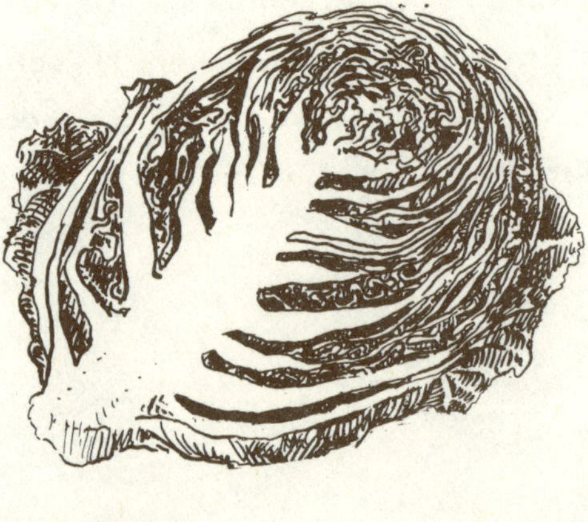

Rotkraut mit Walnüssen

3 El Oel
1½ El Weinessig
½ Tl Kräutermeersalz
1 MS Nelken
1 MS Zimt

2 kleine Äpfel
1 kleiner Rotkohl
ca. 10 Walnüsse

Die Äpfel reiben und zusammen mit dem geschnitzelten Rotkohl und den gehackten Walnüssen in der Sauce vermengen. Einige Walnüsse zum Verziehren beiseite legen.

Rotkohl, arabisch

2 EL Sonnenblumenoel
1 EL Obst-Essig
2 EL Tahin
2 EL Wasser
1 TL Kräutermeersalz
3-5 Stengel frische Minze
3-5 Stengel frische Zitronenmelisse

1 Kleiner Rotkohl
5-7 EL Pinienkerne

Den fein geraspelten oder in dünne Streifen geschnittenen Rotkohl mit der Sauce vermischen. Einige Pinienkerne dazugeben, und mit den restlichen den Salat bestreuen.

Chinakohl

Sauce: 2 El Sauerrahm
1 El Meerrettich
2 El Wasser
1 Prise Meersalz

1 Chinakohl
1 Apfel
½-1 Tasse gemahlene Haselnüsse

Den Chinakohl raspeln oder in feine Streifen schneiden und mit dem kleingewürfelten Apfel zu der Sauce geben. Die gemahlenen Haselnüsse untermischen und nach Belieben mit frischen Kräutern der Jahreszeit bestreuen.

Steckrüben mit Apfel

2EL SB-Oel
2EL Sauerrahm

1 Steckrübe
2-3 Äpfel
2EL Sanddorn
½TL Meersalz
Haselnüsse zum Garnieren.

Die Steckrüben sehr fein raspeln und zusammen mit den kleingeschnittenen Äpfeln unter die vorbereitete Sauce geben. Vor dem Servieren mit Haselnüssen garnieren.

Feldsalat

250g	Feldsalat
4	Feigen
4EL	Wasser
1½ EL	Mandelmus
3EL	Joghurt
1	kleiner Apfel
1Bund	frischen Dill

Die Feigen kleinschneiden und in Wasser ca. 2 Stunden einweichen. Danach die Feigen mit einer Gabel zerdrücken, Mandelmus, Joghurt und den kleingeschnittenen Apfel dazugeben.

Den Feldsalat waschen, in kleine Stücke reißen und unter die vorbereitete Sauce mengen. Vor dem Servieren mit frischem feingehacktem Dill bestreuen.

Weizenkeimsalat

250g	Dickmilch
2 El	Oel
1 El	Essig
1 TL	Tamari
1 TL	Demeter-Senf
1 Tasse	Weizenkeime
4	kleine Möhren
1	Zwiebel
je 1 Bund	frische Petersilie, Schnittlauch, Dill

Die Weizenkeime mit den kleingeschnittenen Möhren unter die Sauce mischen. Dann die in Ringe geschnittene Zwiebel und die feingehackten Kräuter dazugeben und alles gut miteinander vermengen.

Gedünstetes Gemüse

Broccoli in Meerettichsauce

2 El	Oel
3 Tassen	Wasser
$\frac{1}{2}$ TL	Meersalz
1 Prise	Muskat
500 g	Brokkoli
1 Tasse	Weizenvollkornmehl
3 Tassen	Wasser
2-3 TL	Meerrettich
$\frac{1}{4}$ TL	Meersalz

Wasche den Brokkoli und dünste ihn in Oel kurz an. Dann gib Wasser und Salz hinzu und laß ihn bedeckt bei kleiner Flamme ca. 10 min kochen. In einem anderen Topf röstest Du das Weizenmehl bis es anfängt, leicht zu duften. Rühre dann das Mehl mit etwas kaltem Wasser klumpenfrei an. Gib den Meerrettich, das Salz und das restliche Wasser hinzu, ebenso das übriggebliebene Brokkoliwasser. Laß die Sauce unter ständigem Rühren aufwallen. Nach Belieben mit etwas Margarine, Butter oder Sahne abschmecken.

Bohnen-Gemüse

2 EL Oel
$\frac{1}{4}$ TL Meersalz
2 Tassen Wasser
2 Schalotten
500 g grüne Bohnen
1 Tasse Weizenvollkornmehl
3 Tassen Wasser
2 EL Oel
$\frac{1}{4}$ TL Meersalz
je 1 Bund Petersilie und Bohnenkraut

Schneide die Schalotten in kleine Würfel, die Bohnen in kleine Stücke und sautiere beides 2-3 min. Gib Salz und Wasser hinzu und laß die Bohnen bedeckt bei kleiner Flamme gar-kochen, ca. 10-15 min.
In einem anderen schweren Topf kannst Du schon das Mehl in dem Oel anrösten und es anschließend mit Wasser anrühren. Gib dann das übriggebliebene Bohnenwasser zu der Sauce und laß sie unter ständigem Rühren aufwallen. Salzen, Petersilie und Bohnenkraut feinhacken und dazugeben.

Bohnen~ in Misosauce

500g grüne Bohnen
2EL Sonnenblumenoel
1Tasse Wasser
$\frac{1}{2}$TL Meersalz

2EL Miso
1EL Tahin
3Tassen Wasser
1Tasse Weizenvollkornmehl
frische Kräuter wie Bohnenkraut, Petersilie etc.

Die Bohnen waschen, in Stücke schneiden und in 1 EL Oel andünsten, dann salzen, mit Wasser auffüllen und garkochen.
Das möglichst frisch gemahlene Mehl in Oel anrösten. Das Miso und Tahin in einer Tasse mit Wasser anrühren und zu dem mit Wasser abgelöschten Mehl geben.
Wenn die Bohnen gar sind, gibst Du das restliche Gemüsewasser zu der Sauce und läßt sie leise aufkochen. Nach Belieben noch frische Kräuter unterziehen und die Sauce über die Bohnen geben.

Bohnen-Sellerie-Salat

2 EL Sonnenblumenoel
1 EL Essig
¼ TL Kräutermeersalz
¼ TL Basilikum
1 Zwiebel

300 g grüne Bohnen
1 Sellerie
1 EL Sonnenblumenoel
¼ TL Meersalz
1 Tasse Wasser

Dünste die Bohnen und den Sellerie, sowie einige Sellerieblätter in Oel an. Gib Wasser und Salz hinzu und laß alles bedeckt ca. 10 min leicht kochen. In einer Salatschale kannst Du schon eine Sauce aus Oel, Essig, Salz, Basilikum und eine kleingeschnittene Zwiebel anmachen, in die Du dann das gedünstete, etwas abgekühlte Gemüse gibst. Vermenge alles gut miteinander und laß den Salat ½ - 1 Std. bedeckt durchziehen.

Sellerie, gedünstet

1 Sellerieknolle
Selleriegrün
1 Zwiebel
1 Apfel
2 EL Olivenoel
1 TL Kräutermeersalz
1 TL Estragon

Die feingehackte Zwiebel in Oel 1 min andünsten. Dann den gewaschenen, in sehr feine Streifen geschnittenen Sellerie dazugeben und weitere 2-3 min dünsten.
Das Selleriegrün feinschneiden, unter das Gemüse mengen und alles zusammen bei mittlerer Flamme 7-10 min bedeckt garen. Kurz vorher den gewürfelten Apfel, das Salz und Estragon unterziehen.

Pastinaken-Sellerie Gemüse

1-2	Pastinaken
1	Sellerieknolle
1EL	SB-Oel
1TL	Kräutermeersalz
1TL	Tamari
1Bund	frische Petersilie

Die Pastinaken und den Sellerie feinschneiden und in Oel 2-3 min dünsten. Salz dazugeben und bedeckt 10-15 min garen. Vor dem Servieren mit Tamari abschmecken und mit frischer, feingehackter Petersilie bestreuen.

Sellerie in Ausbackteig

250g	Weizenvollkornmehl
275g	Wasser
½ TL	Meersalz
3-5 Stengel	frischen Estragon oder
1 TL	getrockneten Estragon
1	Knollensellerie
1 Tasse	Mehl
	Oel zum Ausbacken

Das möglichst frischgemahlene Mehl mit Wasser, Salz und Estragon zu einem geschmeidigen Teig anrühren und bedeckt 10-15 min ziehen lassen. Die Sellerieknolle waschen, in 5 mm dünne Scheiben schneiden und in eine Schale mit Wasser legen. Dann die einzelnen Scheiben in Mehl wälzen und in den nochmals durchgeschlagenen Teig tauchen. Löst sich der Teig wieder von den Scheiben, ist er zu flüssig, so daß Du noch etwas Mehl zugeben mußt. Eine schwere Pfanne 1 cm mit Oel füllen und die Scheiben darin braun backen.

Möhren mit Leinsamen

5	Möhren
2EL	SB-Oel
1½TL	Meersalz
50g	Leinsamen
1Tasse	Weizenvollkornmehl
3Tassen	Wasser
1TL	Salz

Die Möhren kleinschneiden und in Oel 2-3 min sautieren. 1TL Salz dazugeben und bedeckt weitere 5-7 min bei mittlerer Flamme garen. In einem anderen Topf das möglichst frisch gemahlene Mehl in Wasser anrühren und unter ständigem Rühren aufkochen lassen. Das Salz und den gerösteten, frisch geschroteten Leinsamen hinzugeben und über die Möhren gießen.

Möhren - Lauch - Gemüse

7	Möhren
3 Stengel	Lauch
2 EL	Oel
½ TL	Meersalz
1 Prise	Muskat
1 Bund	frische Petersilie oder andere Kräuter der Jahreszeit.

Den Lauch und die Möhren waschen und kleinschneiden. Die Möhren viertelst Du am besten der Länge nach und schneidest sie dann in dünne Scheiben. Anschließend sautierst Du sie zusammen mit dem Lauch 2-3 min. Dann das Salz dazugeben und bedeckt bei mittlerer Flamme 10-15 min garen. Muskat untermischen und vor dem Servieren mit frischer, feingehackter Petersilie überstreuen.

Kohlrabi - Möhren - Gemüse

2	Kohlrabi
2	Möhren
2EL	SB-Oel
1TL	Meersalz
1Prise	Muskat
1Bund	frische Petersilie

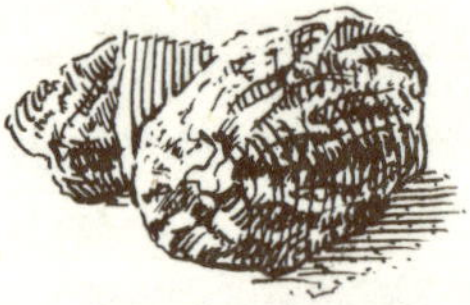

Die Kohlrabi und Möhren kleinschneiden und 2-3min in Oel andünsten. Salzen und bedeckt weitere 10min garen. Muskat hinzugeben und vor dem Servieren mit frischer, feingehackter Petersilie bestreuen.

Rote Beete, gedünstet

3 Rote Beete
1 Zwiebel
1 Apfel
2EL SB-Oel
1TL Meersalz
$\frac{1}{4}$TL Anis
1MS Nelken

Die Rote Beete waschen und in feine Streifen schneiden. Die gewürfelte Zwiebel kurz in Oel andünsten, dann die Rote Beete dazugeben und beides 2-3min sautieren. Salzen, und bei mittlerer Flamme bedeckt 7-10min garen. Den kleingeschnittenen Apfel sowie die Gewürze untermischen und auf kleiner Flamme nochmals 5min leise kochen lassen.

Rote Beete ~ Sellerie Gemüse

2 große Rote Beete
1 Sellerie
1-2 Tassen Wasser
$\frac{1}{4}$ TL Meersalz

2 EL Sonnenblumenoel
1 EL Vinegar, Reisessig
2 EL Dickmilch
$\frac{1}{4}$ TL Kräutermeersalz
1 TL Demeter-Senf
2-3 Äpfel

Die Roten Beete und den Sellerie waschen, vierteln und in einem Topf mit Wasser bedeckt garkochen. In einer Salatschule kannst Du schon eine Sauce aus Oel, Essig, Dickmilch, Salz und Senf vorbereiten. Ist das Gemüse gar, schneidest Du es in kleine Stücke und vermischt es zusammen mit den gewürfelten Äpfeln in der Sauce.
Vor dem Servieren den Salat $\frac{1}{2}$ - 1 Std. bedeckt ziehen lassen. Nach Belieben mit frischen Kräutern der Jahreszeit überstreuen.

Steckrüben Gemüse

1	Steckrübe
2 EL	SB-Oel
1½ TL	Kräutermeersalz
½ TL	Cumin
¼ TL	Kümmel
¼ TL	Fenchel

Die Steckrübe in dünne Streifen schneiden und in Oel 2-3 min andünsten. Salzen und bei mittlerer Flamme bedeckt 7-10 min garen. Die Gewürze hinzugeben und vor dem Servieren mit einigen Petersilienstengeln garnieren.

Steckrüben Tortillas

1 mittelgroße Steckrübe
1 kleine Zwiebel
2 Tassen Weizenvollkornmehl
1½ - 2 Tassen Wasser
2 El Sojamehl
1 TL Tamari
1 MS Muskat
1 MS Basilikum
½ TL Kräutermeersalz
Oel zum Ausbacken

Weizenmehl und Sojamehl in eine Schüssel geben und mit Wasser zu einem zähflüssigen Teig anrühren. Die kleingehackte Zwiebel, Salz und Gewürze untermischen und bedeckt 10 - 15 min quellen lassen.
Die Steckrübe in ca. 10 dünne Scheiben schneiden und in eine Schale mit Wasser legen. Nacheinander die Scheiben in Vollkornmehl wälzen und in den Teich eintauchen. Eine schwere Pfanne mit ca. 1cm Oel füllen und die Tortillas darin braun backen. Vor dem Servieren mit frischen Kräutern der Jahreszeit bestreuen.

Weißkohl, überbacken

1/4	Weißkohl
2 EL	Olivenoel
1 1/2 TL	Kräutermeersalz
je 1 MS	Fenchel, Kümmel, Anis
1 TL	Oregano
2-3 Scheiben	Käse
	Oliven zum Garnieren.

Den Weißkohl feinschneiden oder raspeln und in Oel 2-3 min. andünsten. Dann das Salz und die Gewürze hinzugeben und bedeckt bei mittlerer Flamme 7-10 min garen. Den möglichst biologischen Käse darüberlegen mit einigen Oliven garnieren und noch 1-2 min. bedeckt ziehen lassen, damit der Käse zerläuft.

Rotkohl mit Backpflaumen

2 EL	Oel
1 Tasse	Wasser
½ TL	Meersalz
250 g	Trockenpflaumen
1	Rotkohl
1 Prise	Zimt
1 Prise	Nelken

Schneide den Rotkohl in möglichst dünne Streifen und dünste ihn in Oel kurz an. Gib dann Salz und Wasser hinzu und laß ihn 10 min bei mittlerer Flamme bedeckt kochen. Menge die Pflaumen und Gewürze unter, und laß alles nochmals 5-10 min leise kochen.

Grünkohl

2 EL	Oel
½ TL	Meersalz
1 Prise	Basilikum
1 Prise	Muskat
2	Zwiebeln
500 g	Grünkohl
½ Tasse	Wasser
2 EL	saure Sahne

Schneide die Zwiebel in kleine Stücke. Erhitze das Oel in einem schweren Topf und sautiere die Zwiebel solange, bis sie glasig werden. Gib den gewaschenen und in Streifen geschnittenen Grünkohl zu den Zwiebeln. Anschließend salzen, das Wasser hinzugeben und bedeckt bei mittlerer Flamme ca. 20 min kochen. Dann nimmst Du den Topf vom Feuer und gibst die Gewürze hinzu. Zum Schluß mit Sahne abbinden.

Rosenkohl

500g	Rosenkohl
2EL	Oel
½ TL	Meersalz
¼ Tasse	Wasser
3-4	frische Salbeiblätter
½ TL	getrockneten Salbei
1MS	Muskat

Den Rosenkohl waschen und kreuzweise einschneiden. In Oel 2-3min andünsten. Mit Wasser ablöschen, salzen und weitere 10-15min bedeckt bei mittlerer Flamme garen.
Die frischen, feingehackten Salbeiblätter und Muskat dazugeben.

Rosenkohl-Auflauf

2 Tassen	Vollreis	150g	Maronen
4 Tassen	Wasser	500g	Rosenkohl
$\frac{3}{4}$ TL	Meersalz	4 EL	Oel
2 EL	Tamari	100g	Quark
1 EL	Oel	100g	Gouda
		$\frac{1}{2}$ TL	Muskat
		1 MS	Fenchel
		$\frac{1}{2}$ TL	Paprika

Den Reis nach Grundrezept garen und anschließend mit Tamari und Oel vermengt in eine gefettete Auflaufform geben. Während der Reis garkocht, kannst Du die Maronen abschälen, indem Du sie mit heißem Wasser überbrühst und die braune Haut entfernst. Danach viertelst Du sie oder schneidest sie in grobe Stücke. Anstelle von Maronen kannst Du auch Wallnüsse nehmen.

Den Rosenkohl waschen, kreuzweise einschneiden und in Oel andünsten. Dann gibst Du die Maronen oder Wallnüsse, den Quark, den gewürfelten Gouda, sowie die Gewürze und das Oel hinzu. Hast Du alles gut vermengt, gibst Du es über den Reis in die Auflaufform.

Im Backofen bei 260° ca. 20 min backen.

Gemischter Gemüse-Auflauf

$\frac{1}{2}$ Weißkohl
1 Rote Beete
2-3 Möhren
1 Zwiebel
4 EL Oel
2 TL Meersalz
je $\frac{1}{4}$ TL Kümmel und Fenchel
$\frac{1}{2}$ TL Cumin
1 TL Oregano
1-2 Tomaten
Käse zum Überbacken

Den Weißkohl feinschneiden und in Oel dünsten. 1 TL Salz, Kümmel und Fenchel hinzugeben und bedeckt weitere 5 min ziehen lassen.
Die Zwiebel, Rote Beete und Möhren sehr kleinschneiden und ebenfalls in Oel dünsten. Salz und Cumin unterziehen und bedeckt ca. 5 min leise kochen lassen. Eine Auflaufform fetten und zuerst das Wurzelgemüse einfüllen. Darüber dann den Weißkohl verteilen und mit biologischem Käse bedecken. Mit einigen Tomatenscheiben garnieren und mit Oregano bestreuen. Bei 200° ca. 10-15 min backen.

Linsen, indisch

250g Linsen über Nacht in
1 Tasse Wasser einweichen

2 Tassen Wasser
½ TL Meersalz

5 EL Weizenvollkornmehl
2 Tassen Wasser
1 TL Curry
1 TL Chillies
¼ TL Meersalz
2 EL Oel

Die über Nacht eingeweichten Linsen in 2 Tassen Wasser garen.
In einem anderen Topf Oel erhitzen und das möglichst frischgemahlene Mehl darin anrösten.
Mit Wasser ablöschen und aufwallen lassen.
Salz und Gewürze unterziehen und über die Linsen geben.

Linsen, arabisch

250g	Linsen
3Tassen	Wasser
1TL	Meersalz
3	Knoblauchzehen
½ TL	Bohnenkraut
1MS	Muskat
1handvoll	Minzenblätter

Die Linsen aufkochen lassen und 20-30min bedeckt bei kleiner Flamme garen. Dann Salz, Gewürze, die zerdrückten Knoblauchzehen und die feingehackten Minzenblätter unterziehen.

Zwiebel-Tempura

3-4 Zwiebeln
250g Weizenvollkornmehl
ca. 300g Wasser
1 TL Kräutermeersalz
½ TL Chillies
½ TL Curry
Oel zum Fritieren

Aus dem möglichst frisch gemahlenen Mehl, Wasser, Salz und Gewürze zu einem zähflüssigen Teig anrühren. Die in Stücke geschnittenen Zwiebeln mit dem Teig vermengen und 15-20 min bedeckt ziehen lassen. Dann eine Friteuse oder einen schweren Topf ca. 5cm mit Oel füllen, den Teig löffelweise hinzugeben und goldbraun backen.

Hallimasch-Pilze

500g Pilze (Hallimasch)
1 Zwiebel
4EL SB-Oel
2TL Meersalz
3TL Thymian
1MS Paprika
1EL Zitronensaft
2EL Cashewnußmus
1Bund frische Petersilie

Die Zwiebel würfeln und in dem Oel andünsten. Nach 2-3min die geputzten Pilze dazugeben und bedeckt ca. 20min garen. Dann das Salz, die Gewürze und den Zitronensaft unterziehen. Das Cashewnußmus in etwas Pilzwasser anrühren. Sollten die Pilze beim Kochen nicht genügend Wasser ziehen, kannst Du noch Flüssigkeit hinzugeben.
Vor dem Servieren mit frischer, feingehackter Petersilie bestreuen.

Pilzragoût

750g Pilze
500g Tomaten
1 große Zwiebel
4El Oel
80g Margarine
120g Weizenvollkornmehl
ca $\frac{1}{8}$l Wasser
$1\frac{1}{2}$ TL Meersalz
1TL Majoran
1 Bund frischen Dill

Die feingewürfelte Zwiebel in Oel andünsten. Die geputzten, kleingeschnittenen Pilze dazugeben und ca. 10min bedeckt bei mittlerer Flamme garen. In einem anderen Topf das Mehl in der Margarine rösten, mit Wasser ablöschen und aufkochen lassen. Die kleingeschnittenen Tomaten zu den Pilzen geben und 10min bedeckt schmoren. Die vorbereitete Sauce unter die Pilze ziehen, mit Salz und Majoran würzen. Vor dem Servieren mit frischem, feingehacktem Dill bestreuen.

Sojaspeisen

Die Sojabohne

Seit mehr als zwei Jahrtausenden dient die Sojabohne den Menschen im Fernen Osten als Hauptnahrungsmittel. Mit der Jahrhundertwende gelangte sie auch zu uns in den Westen, wo sie besonders in jüngster Zeit zunehmend an Bedeutung gewonnen hat, weshalb wir ihr auch ein Kapitel in diesem Buch gewidmet haben.

Für viele Menschen wird eine fleischlose Kost immer aktueller, so daß sich die Sojabohne mit ihrem hohen Proteingehalt als Austauschstoff für tierisches Eiweiß zunehmender Beliebtheit erfreut. Vom äußeren Erscheinungsbild ähnelt sie unserer heimischen Buschbohne; doch hat sie einen ganz anderen Pflanzenaufbau, der sich auch in ihrem hohen Gehalt an Vitalstoffen widerspiegelt. Das Eiweiß der Sojabohne ist besonders wertvoll durch den Reichtum an essentiellen Aminosäuren, das sind Substanzen, die der Organismus nicht selbst herstellen kann, aber benötigt, um sein körpereigenes Eiweiß aufbauen zu können.

Angesichts der gegenwärtigen Welternährungskrise, die im Wesentlichen auf einen Mangel an Eiweiß zurückzuführen ist, sollte die Sojabohne mit ihrem hohen Proteingehalt nicht unbeachtet bleiben. Im Gegenteil, die zunehmende globale Verbreitung von Sojaprodukten könnte ein Schritt zur Beseitigung des Hungers auf der Welt sein.

Im häuslichen Bereich kann die Sojabohne besonders für diejenigen, die ihren tierischen Eiweißkonsum einschränken möchten, zu einem wertvollen Grundnahrungsmittel werden, auf dem sich eine Vielzahl neuer, schmackhafter Speisen zubereiten lassen. Dazu kommt, daß Du aus einer relativ kleinen Anzahl Bohnen eine beachtliche Menge Milch, Quark oder Käse bekommst. Aus 300g Sojabohnen erhälst Du 3,8l Sojamilch oder 800-900g Sojakäse (Tofu).

Also nimm Dir mal die Zeit und probier etwas Neues aus!

Miso

Miso ist ein eiweißreiches, fermentiertes Sojabohnenkonzentrat, das sich auf vielfältige Weise verwenden läßt. Als schmackhaftes Allzweckgewürz können wir damit Suppen, Saucen und Getreidespeisen bereichern und verfeinern.

Insgesamt gibt es sechs Grundarten von Miso, aus denen sich wiederum 28 Varianten ergeben. Die drei bekanntesten, gängigsten Sorten sind Reis-, Gersten- und Sojabohnen-Miso, wobei die beiden ersten aus Sojabohnen und dem jeweiligen Getreide bestehen, letzteres nur aus Sojabohnen und Salz

Die verschiedenen Misosorten bekommst Du in Naturkostläden und einigen Reformhäusern. In den Rezepten wirst Du nur Miso ohne Typenbezeichnung finden. Du kannst also nach Herzenslust Dein Lieblings-Miso verwenden.

Tamari

Tamari ist ebenfalls ein fermentiertes Sojabohnenprodukt. Es hat im Wesentlichen die Eigenschaften von Miso, mit dem Unterschied, daß es flüssig ist. Tamari oder Shoju sind auch als Sojasauce bekannt.

Sojamilch

Sojamilch ist ein wohlschmeckendes Getränk von hohem Nährwert. Eine Tasse Sojamilch enthält ca. 5g Eiweiß, etwas mehr als in der gleichen Menge Kuhmilch enthalten ist. Sie hat wenig Kalorien und kein Cholesterin. Ein Pfund Sojabohnen ergeben ca. 3,8 l. Milch.

Die Zubereitung

3 Tassen ganze gelbe Sojabohnen waschen und in 6 Tassen Wasser ca. 10 Stunden lang einweichen. Bei warmem Wetter kühl stellen, um ein Ansäuern zu verhindern.

Nach der Einweichzeit, wenn die Sojabohnen doppelt so groß geworden sind, nochmals in einem Durchschlag waschen. Danach 2½ Tassen heißes Wasser und 1 Tasse eingeweichte Sojabohnen im Mixer zu einem feinen Brei pürieren und in einen großen Topf geben. Bei mittlerer Flamme aufkochen lassen, gelegentlich umrühren. Vorsicht, die Milch kocht leicht über. Sobald sie anfängt zu kochen, die Flamme kleinstellen und bei schwacher Hitze 15-20 min kochen lassen.

Einen Durchschlag mit einem dünnen Baumwoll- oder

Leinentuch auslegen und in einen großen Topf hängen. Die gekochte Sojamilch hineingießen. Den in dem Tuch verbleibenden Brei (Okara) gut auspressen. 2 Tassen Wasser über den Brei gießen und nochmals auspressen. In dem Topf ist jetzt die fertige Sojamilch, die im Wasserbad abgekühlt werden kann. Sie schmeckt gekühlt und heiß, und läßt sich gut mit Früchten, Gewürzen oder Säften zu leckeren, sahnigen Milchshakes bereiten.

Okara

Der bei der Sojamilchherstellung zurückbleibende nicht lösliche Bestandteil, wird Okara genannt.

In Japan, wo auch die einfachsten und bescheidensten Speisen mit Ehrfurcht genossen werden, ist dem Wort »kara«, das soviel wie »Hülse« oder »Schale« bedeutet, die ehrende Vorsilbe ›o‹ vorangestellt. O-kara heißt demnach also »ehrwürdige Hülse«.

Okara läßt sich gut mit anderen Nahrungsmitteln zu wohlschmeckenden Speisen bereiten. So werden zum Beispiel in der traditionell, japanischen Küche damit Suppen, sautiertes Gemüse und Salate angereichert und verfeinert.

Hauptbestandteile von Okara sind die Ballaststoffe, die für eine ausgewogene Diät unerläßlich sind Ferner enthält es etwa genausoviel Eiweiß wie Vollmilch oder Vollreis. (Nähere Informationen siehe William Shurtleff: Das Tofu-Buch).

Sojakäse (Tofu)

Tofu ist seit Jahrhunderten eines der Grundnahrungsmittel der Bevölkerung Asiens. Ähnlich wie Sojamilch enthält Tofu hochwertiges Eiweiß, ist cholesterinfrei und leicht selbst herzustellen. Er kann auf viele verschiedene Arten zubereitet und gewürzt werden. Tofu schmeckt gut auf Brot, zu Suppen und Salaten, gebraten, paniert oder in Teigtaschen gehüllt.

Im Mixer püriert lassen sich ebenfalls wohlschmeckende Saucen, Desserts und Brotaufstriche daraus zubereiten.

Für die Herstellung ist es wichtig zu wissen, daß es Tofu in verschiedenen Sorten und Feuchtigkeitsgraden gibt. Tofu mit einem höheren Wassergehalt ist weicher und sahniger und eignet sich gut für Mixprodukte. Zum Schneiden, Braten und Rösten nimmst Du besser etwas festeren, dichteren Tofu mit weniger Wassergehalt.

Hausgemachter Sojakäse

Die Zubereitung

Zunächst stellst Du Sojamilch nach Rezept her, nimmst jedoch 3 Tassen Wasser, pro Tasse eingeweichter Sojabohnen.

Wenn die Milch gefiltert und noch sehr heiß ist, gibst Du das Gerinnungsmittel hinzu. Das traditionelle Mittel ist Nigari, ein Salz, das in einem speziellen Herstellungsverfahren aus Meersalz gewonnen wird. Mit Nigari bekommst Du einen schönen festen Tofu, der zugleich noch mit Mineralien wie Magnesium, Calzium und Kalium ergänzt wird.

Wenn Du noch kein Nigari hast, kannst Du auch Apfelessig oder Zitronensaft zur Gerinnung verwenden.

Für obige Sojabohnenmenge brauchst Du:

$1\frac{1}{2}$-2 TL	Nigari oder
$\frac{1}{4}$ Tasse	Zitronensaft oder
$\frac{1}{4}$ Tasse	Apfelessig, verdünnt mit
1-2 Tassen	Wasser

Essig oder Zitronensaft entwickeln weiche Gerinnungsflocken, die aber nach einigen Minuten

Kochen ziemlich fest werden.

Die Menge des Gerinnungsmittels ist abhängig von der Sojabohnensorte, der Temperatur, der Milch (sie sollte ca. 85° haben), der Stärke des Gerinnungsmittels und der angewandten Gerinnungsmethode. Wenn Du ein paar Mal selbst Tofu gemacht hast, bekommst Du schnell ein Gefühl dafür, wieviel Gerinnungsmittel Du wann zufügen mußt.

Die Gerinnung

Die frische, heiße Sojamilch vom Feuer nehmen und langsam ein Drittel der Nigarilösung hineinrühren. Rühre jetzt auch in entgegengesetzter Richtung, vor allem am Boden und an den Wänden des Topfes (Die Sojamilch gerinnt von unten nach oben). Bring die Milch mit dem Holzlöffel zum Stehen und laß ein weiteres Drittel des Gerinnungsmittels über die Rückseite des Löffels auf die Oberfläche der Milch »regnen«. Den Topf zudecken und 3 Minuten wirken lassen.

Den Rest der Nigarilösung noch einmal gut umrühren und wieder mit dem Löffelrücken über die Sojamilch verteilen. Dann langsam und vorsichtig 15 Sekunden an der Oberfläche rühren. Den Topf zudecken und weitere 3 Minuten ruhen lassen. Jetzt die Sojamilch noch einmal kurz an der Oberfläche rühren. Das Eiweiß sollte vollständig geronnen sein, das heißt, die Sojamilch hat sich in große, weiße Flocken (Quark) und blaßgelbe, klare Molke geteilt. Ist die Gerinnung noch nicht vollständig, den Topf noch einmal 1 Minute zudecken und leicht an der Oberfläche rühren. Sieht die Sojamilch immer noch milchig aus, läßt Du noch 1/4 der ursprüngl. Menge des Gerinnungsmittels in etwas Wasser auf und gießt es direkt über die ungeronnene Milch. Vorsicht, bis zum Gerinnen rühren!

Das Pressen

Zunächst muß die Molke abgeschöpft werden. Am besten legst Du ein feines Baumwolltuch in den Topf und wartest, bis die Molke darübersteht. Mit einer Kelle kannst Du jetzt leicht so viel Molke wie möglich abschöpfen. Dann gibst Du die Tofuflocken mit einem Holzlöffel in die mit einem Tuch ausgelegte Presse. Hast Du keinen Tofuset mit Presse, kannst Du auch ein anderes Gefäß mit Löchern im Boden und in den Wänden oder einen Durchschlag nehmen. Sind die Flocken in der Presse, legst Du das Tuch darüber und deckst es mit einem Deckel oder Teller zu. Als Gewicht zum Pressen kannst Du einen Stein nehmen, der genau in das Gefäß paßt. Die Preßzeit liegt bei 20-30 Minuten. Für festeren Tofu kannst Du ein größeres Gewicht nehmen oder länger pressen. Anschließend den fertigen Tofu vorsichtig herausnehmen und in ein Glas mit kaltem Wasser legen und kühl aufbewahren. Täglich das Wasser wechseln, damit der Käse frisch bleibt. So aufbewahrt, hält er sich bis zu einer Woche. Unverarbeiteter Tofu hat fast gar keinen Geschmack, so daß beim Zubereiten Deiner Phantasie und Einfallsgabe keine Grenzen gesetzt sind.

Sojakeim-Salat

200g gekeimte grüne Sojabohnen
2EL SB-Oel
2EL Sauerrahm
1TL Kräutermeersalz
2MS Curry
1MS Basilikum
1 Tomate zum Garnieren

Aus Oel, Sauerrahm, Salz und den Gewürzen eine Sauce bereiten. Die 2-3 Tage gekeimten grünen Sojabohnen dazugeben und gut mit der Sauce vermengen. Eine Tomate in acht Stücke schneiden und den Salat damit belegen.

Reis mit Sojakeimlingen

4 Tassen gekochten Reis
100 g gekeimte, grüne Sojabohnen
3 EL Sesam-Oel
1 TL Kräutermeersalz
½ TL Curcuma
2 MS Curry
1 MS Basilikum
1 EL Tamari

Den gekochten Reis mit den Sojakeimlingen in eine vorher erhitzte schwere Pfanne geben. Salz und die verschiedenen Gewürze untermischen und bei mittlerer Flamme ca. 5 min braten.
Vor dem Servieren können nach Belieben frische, feingehackte Kräuter der Jahreszeit dazugegeben werden.

Okara-Fladen

400g Okara
100g Weizenvollkornmehl
100g Wasser
2 EL Tahin
1 ½ TL Kräutermeersalz
1 TL Oregano
½ TL Basilikum
1 Zwiebel
Oel zum Braten

Das Okara in einer Schüssel mit Weizenmehl, Wasser, Tahin, Salz und den Gewürzen zu einem gut zusammenhaltenden Teig vermengen. Die kleingeschnittene Zwiebel dazugeben und nochmals alles gut verrühren. Mit leicht angefeuchteten Händen kleine Fladen formen und in einer schweren Pfanne in Oel von beiden Seiten braun braten.

Okara-Pfannkuchen, süß

400g	Okara
100g	Weizenmehl
ca. 500g	Wasser
200g	Datteln
1TL	Meersalz
½TL	Zimt
½TL	Ingwer
1-2 EL	Sirup oder Honig
	Oel zum Backen

Okara mit Weizenmehl, Wasser, Salz und Gewürzen zu einem dickflüssigen Teig anrühren. Die kleingeschnittenen Datteln und den Sirup dazugeben und bedeckt 10-15 min ziehen lassen. Nochmals alles gut miteinander vermengen und in reichlich Oel kleine Pfannkuchen backen. Mit frischem Obst, Quark oder Honig servieren.

Mit Okara gefüllte Paprika

4	ganze Paprika
250g	Okara
1	Zwiebel
3EL	Oel
$1\frac{1}{2}$TL	Kräutermeersalz
$\frac{1}{2}$TL	Paprika-Gewürz
2MS	Curry
1MS	Chillies
3EL	Rosinen
3EL	Oel

Eine Zwiebel kleinschneiden, in einer schweren Pfanne mit Oel andünsten. Das möglichst frische, gut ausgepreßte Okara, die verschiedenen Gewürze und die Rosinen dazugeben. Alles gut miteinander vermengen und bei mittlerer Flamme ca. 5min braten. Vom Feuer nehmen und die Paprika damit füllen. In eine Auflaufschale geben und bei 200° 15-20 min backen.

Okara ~ Kroketten

250g Okara
7EL Weizenvollkornmehl
1 Zwiebel
1EL Oel
1½ TL Kräutermeersalz
1EL Tamari
1EL Tahin
Oel zum Fritieren

Das möglichst frische, gut ausgepreßte Okara mit dem Weizenmehl vermischen.
Die kleingeschnittene Zwiebel in Oel andünsten und mit Salz, Tamari und Tahin unter die Masse rühren. Mit leicht befeuchteten Händen kleine Bällchen formen und diese in einer mit Oel gefüllten Friteuse braun backen.

Tofu, gebraten

250g Tofu
2El Olivenoel
1TL Kräutermeersalz
1El Tamari
1 Zwiebel
1 Knoblauchzehe
1TL Oregano

Den Tofu und die Zwiebel in kleine Stücke oder Würfel schneiden und in Oel 2-3min. braten. Dann das Salz, Tamari, Oregano und die feingehackte Knoblauchzehe dazugeben und so lange weiterkochen, bis die Tofustückchen eine leichte, kuusprige Kruste bekommen. Die fertigen Tofustückchen kannst Du gut zu Gemüse, Salaten oder Getreidespeisen servieren. Besonders lecker schmecken sie auch als Suppeneinlage.

Tofu, paniert

250g Tofu
1TL Kräutermeersalz
1EL Tamari
2EL SB-Oel
Maisgrieß zum Panieren

Den Tofu in 2-3 cm große Stücke zerteilen, mit Meersalz bestreuen und mit Tamari beträufeln. Anschließend in Maisgrieß wälzen und in einer schweren Pfanne in Oel von beiden Seiten braun braten.
Als Beilage kannst Du Kräuterquark oder -Sauce servieren.

Tofu im Ausbackteig

250g	Weizenmehl
ca. 300g	Wasser
1TL	Kräutermeersalz
1EL	Tamari
1TL	Oregano
½TL	Basilikum
1 Prise	Muskat
	Oel zum Backen
2	große Tofu-Stücke

Das möglichst frisch gemahlene Mehl mit Wasser, Salz und den übrigen Gewürzen zu einem zähflüssigen Teig anrühren. Ist der Teig zu fest, kannst Du den Tofu nicht eintauchen. Ist er zu flüssig, haftet er nicht, so daß Du noch Mehl zufügen mußt.

Den Tofu in Stücke von 3-4 cm schneiden und vorsichtig in den Teig tauchen. Eventuell noch etwas Teig mit dem Löffel darübergeben. Eine schwere Pfanne ca. 1cm hoch mit Oel füllen und den Tofu darin von beiden Seiten goldbraun backen.

Tofu-Miso-Paste

Das Rezept findest Du unter Brotaufstriche
Seite 203

Tofu-Feigen-Paste

Das Rezept findest Du unter Brotaufstriche
Seite 204

Einen kompletten Tofuset bekommst Du von:

Ökullus
Bruchmarktstr. 24
CH-6003 Luzern
Tel. 041/225034

Sojaquelle
Weidgarten
D-8091 Soyen
Tel. 08071/4220

Weitere Informationen in
W. Shurtleff: Das Tofu-Buch.

Getreide-
speisen

Reis, natur

2 Tassen Vollreis
3 Tassen Wasser
1 TL Meersalz

Den Reis in einem Sieb gut waschen und in Wasser aufkochen lassen. Salz dazugeben und auf kleiner Flamme 30-40 min garen. Du kannst den Reis auch nach dem Aufkochen in einer Wärmeröhre oder an einem warmen Ort weiterquellen lassen.

Peking-Reis

2 Tassen Vollreis
4 Tassen Wasser
½ TL Meersalz

4 mittelgroße Möhren
1 Zwiebel
100 g Erbsen
2 EL Oel
½ TL Meersalz
1 Bund frische Petersilie

Den Reis in einem schweren Topf anrösten, mit Wasser ablöschen und garkochen. Die Zwiebel und die Möhren sorgfältig in kleine Stückchen schneiden und in einer schweren Pfanne mit dem Oel 2-3 min dünsten und salzen. Den fertigen Reis untermengen und alles zusammen nochmals 5-10 min bei mittlerer Flamme braten.
Vor dem Servieren mit frischer feingehackter Petersilie bestreuen.

Reis~Bratlinge

2 Tassen	Vollreis
½ Tasse	Weizen
250 g	Sahne-Quark
ca. 200 g	Wasser
1 TL	Meersalz
1 EL	Tamari
je 1 Bund	Petersilie und Schnittlauch
	Oel zum ausbacken

Den Reis und Weizen feinmahlen mit Wasser und Quark anrühren. Dann die anderen Zutaten untermengen. Mit bemehlten Händen kleine Kugeln formen und diese zu ca. 1 cm dicken Fladen plattdrücken.
Die Bratlinge werden in Sonnenblumenoel bei mittlerer Hitze goldbraun gebraten.

Reis-Salat

2 Tassen	Vollreis
4 Tassen	Wasser
½ TL	Meersalz
500 g	frische Erbsen
200 g	Möhren
2 EL	Olivenoel
½ Tasse	Wasser
2	Tomaten
1-2	Knoblauchzehen
1 Tasse	Milch oder Wasser
200 g	Sauerrahm
je 1 Bund	Schnittlauch, Dill und Petersilie
1 Stengel	Isop
½ TL	Oregano
¼ TL	Meersalz

Den Reis garkochen. Die Möhren und Erbsen in Oel andünsten und mit ½ Tasse Wasser ablöschen. Die Kräuter im Mixer mit der Milch verquirlen und zusammen mit dem Sauerrahm, Salz und Knoblauch in eine Salatschüssel geben. Anschließend den Reis, das gedünstete Gemüse und

und die kleingeschnittenen Tomaten zu der Sauce geben und alles gut miteinander vermengen. $\frac{1}{2}$ - 1 Stunde bedeckt ziehen lassen. Vor dem Servieren kannst Du den Salat noch mit Oliven und/oder Tomatenscheiben verziehren.

Amritsa-Reis

2 Tassen	Vollreis
4 Tassen	Wasser
$\frac{1}{2}$ TL	Meersalz
2 EL	Margarine oder Oel
1 Tasse	Rosinen
$\frac{1}{4}$ TL	Curry
$\frac{1}{2}$ - 1 TL	Curcuma
$\frac{1}{4}$ TL	Ingwer
1 Prise	Kardamom

Den Reis garkochen und anschließend in einer schweren Pfanne zusammen mit den Rosinen und Gewürzen anbraten.

Vor dem Servieren kannst Du nach Belieben frische Kräuter der Jahreszeit dazugeben.

Reis-Krokette n

2 Tassen	Vollreis
3 Tassen	Wasser
½ TL	Meersalz
3 EL	Weizenvollkornmehl
2	Zwiebeln
2 EL	Tamari (Sojasauce)
¼ TL	Majoran
¼ TL	Basilikum
	Mais oder Weizengrieß zum Panieren
	Oel zum Fritieren.

Den Reis nach Grundrezept garen und in eine große Schüssel geben. Das Mehl, die kleingeschnittene Zwiebel, Tamari und Gewürze unterrühren und alles gut miteinander vermengen. Mit angefeuchteten Händen kleine Kugeln formen und diese in Mais oder Weizengrieß panieren. Eine Friteuse oder schweren Topf mit ca. 6-7cm Oel auffüllen und die Kroketten bei mittlerer Hitze braun backen.

Hirse, natur

2 Tassen Hirse
3 Tassen Wasser
1 TL Meersalz

Die Hirse gut waschen und aufkochen lassen. Salz dazugeben und auf kleiner Flamme 20-25 min garen.

Hirse, körnig

2 Tassen Hirse
3 Tassen Wasser
1 TL Meersalz

Die Hirse im Topf unter ständigem Rühren leicht anrösten. Mit Wasser ablöschen und aufkochen lassen. Salz hinzugeben und bedeckt bei mittlerer Flamme 15-20 min garen.

Hirse-Birnen-Auflauf

2 Tassen	Hirse
4 Tassen	Wasser
1 TL	Meersalz
ca. 750g	Birnen
½ TL	Zimt
½ TL	Ingwer
2 EL	Butter oder Margarine
	Nüsse zum Garnieren

Die Hirse nach Grundrezept garen, jedoch mit 4 Tassen Wasser.

Die Birnen kleinschneiden und mit der Hirse vermengen. Zimt und Ingwer untermischen und die Masse in eine gefettete Auflaufform geben. Mit ganzen oder gehackten Haselnüssen garnieren und kleine Butterflocken darübergeben.

Bei 200° ca. 20-30 min backen.

Hirse-Weißkohl-Bratlinge

2 Tassen Hirse
3½ Tassen Wasser
½ TL Meersalz

¼ Weißkohl
1 EL Tahin
1-2 EL Tamari
½ TL kräutermeersalz
¼ TL Muskat
Oel zum Ausbacken

Die Hirse nach Grundrezept garkochen und in eine Schüssel geben. Den feingeraspelten Weißkohl und die anderen Zutaten untermengen. Mit etwas bemehlten Händen kleine Kugeln formen. Diese dann zu ca. 1cm platten Fladen drücken und in einer schweren Pfanne in Oel ausbacken.

Hirse-Klöße

½ Tasse	Hirse
1 Tasse	Wasser
¼ TL	Meersalz
2 EL	saure Sahne
2 EL	Sojapaste
½ TL	Majoran
Prise	Meersalz
½ - 1 EL	Weizenvollkornmehl

Die Hirse garkochen und anschließend mit Sahne, Sojapuste, Mehl und Gewürzen vermischen. Die Masse etwas abkühlen lassen und mit bemehlten Händen kleine Klöße formen.

Hirse-Kroketten

2 Tassen Hirse
4 Tassen Wasser
1 TL Meersalz

5 EL Weizenvollkornmehl
1 Zwiebel
1 Möhre
1 TL Salz
$\frac{1}{4}$ TL Muskat
Oel zum Fritieren

Die Hirse nach Grundrezept, jedoch mit 4 Tassen Wasser garen. Anschließend in eine Schüssel geben und mit möglichst frisch gemahlenem Mehl, der feingeschnittenen Zwiebel, der geraspelten Möhre, dem Salz und Muskat vermengen. Mit leicht befeuchteten Händen kleine Klöße formen und in einer Friteuse in Oel braunbacken. Nach Belieben kannst Du die rohen Klöße auch noch in Maisgrieß wälzen.

Süße Hirse-Quark-Kroketten

1 Tasse	Hirse
2 Tassen	Wasser
½ TL	Meersalz
3 EL	Quark
5 EL	Weizenvollkornmehl
1 EL	Demeter-Sirup
½ TL	Zimt
	Maisgrieß zum Panieren
	Oel zum Fritieren

Die gargekochte Hirse mit Quark, Weizenmehl und den restlichen Zutaten gut vermengen. Mit leicht befeuchteten Händen kleine Kugeln formen und diese in Maisgrieß wälzen. Eine Friteuse oder einen anderen schweren Topf 3-4 cm mit Oel füllen und die Kroketten darin braun backen.

Weizen, natur

2 Tassen Weizen
3 Tassen Wasser
1 TL Meersalz

Den Weizen in einem schweren Topf aufkochen. Salz dazugeben und bedeckt bei kleiner Flamme 30-40 min garen. Du kannst den Weizen auch über Nacht einweichen, was die Garzeit etwas verringert und/oder ihn nach dem Aufkochen in einer Wärmeröhre garquellen lassen.

Crêpes

500g	Weizenvollkornmehl
700g	Wasser
$1\frac{1}{2}$ TL	Meersalz

Das möglichst frisch gemahlene Mehl mit Wasser und Salz zu einem dünnflüssigen Teig verrühren. Den Teig mit einem Holzlöffel 2-3min gut durchschlagen und anschließend 15-20min bedeckt quellen lassen.

Jetzt nochmals gut durchrühren und den Teig löffelweise in eine vorher erhitzte, nicht geölte schwere Pfanne geben. Mit einem Bratenwender den Teig so dünn wie möglich in der Pfanne verteilen. Bei mittlerer Flamme von beiden Seiten goldbraun backen.

Die fertigen Crèpe kannst Du ganz nach Belieben mit Kräuterquark, Sesammus oder ungezuckerter Marmelade bestreichen und zusammenfalten.

Gefüllte Weizenrollen

500g Weizenvollkornmehl
5½ Tassen Wasser
½ TL Meersalz
Oel zum Ausbacken

Füllung: 250g Sahnequark
200g Sauerrahm
½ TL Kräutermeersalz
1 kleine Zwiebel
1 Knoblauchzehe
1 TL Kräutersenf
je 1 TL Oregano, Thymian, Basilikum

Das möglichst frisch gemahlene Mehl mit Salz und Wasser zu einem dünnflüssigen Teig rühren und 15-20 min bedeckt ziehen lassen.

In einer Schüssel den Quark mit dem Sauerrahm und den Gewürzen gut vermischen.

Dann schlägst Du den Teig nochmals durch und gibst jeweils eine Schöpfkelle davon in eine schwere, ganz leicht gefettete Pfanne. Mit dem Pfannenwender den Teig sehr dünn über die ganze Pfanne ausbreiten. Sind die Pfannkuchen von beiden Seiten braun, legst Du sie auf einen Teller, füllst sie mit dem Quark und gibst sie in die leicht vorgeheizte Backröhre. Vor dem Servieren mit frischem Gomasio bestreuen.

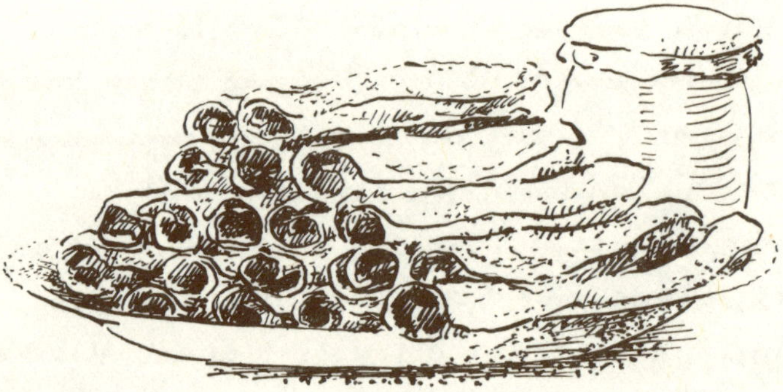

Puri

375g Weizenvollkornmehl
ca. 300g Wasser
¾ TL Meersalz
3 MS Chillies
3 MS Kardamom
Oel zum Fritieren.

Das möglichst frischgemahlene Mehl mit Salz, Gewürzen und Wasser zu einem mittelfesten Teig kneten. Den Teig dabei immer wieder überschlagen, bis er schön glatt und geschmeidig ist. 15-20 min ziehen lassen. Nochmals durchkneten, kleine Stückchen abnehmen, diese mit den Händen zu Kugeln formen und auf einem bemehlten Brett mit einer Rolle in dünne Fladen ausrollen, die nicht dicker als 2-3mm sein sollten. Der Durchmesser sollte nicht mehr als 10cm betragen.
Eine Friteuse oder einen schweren Topf 2-3cm mit Oel füllen und die Fladen darin von beiden Seiten braun backen.
Zu Puri serviert man in Indien Dull, einen scharfen Linsenbrei.

Samosa

1 Möhre
3 große Zwiebeln oder
2 Stangen Lauch

Teig:
4 Tassen Weizenvollkornmehl
2½ Tassen Wasser
½ TL Kräutermeersalz

Möglichst frischgemahlenes Weizenmehl mit Salz und Wasser zu einem zähflüssigen Teig anrühren. Diesen bedeckt 10–15 min ziehen lassen.

Weizen-Pfannkuchen

300g	Weizenvollkornmehl
400g	Wasser
1½ TL	Kräutermeersalz
3 EL	Sesam
5-6 TL	frische oder gehackte Kräuter nach eigener Wahl
1 TL	Tamari
	Oel zum Ausbacken

Das möglichst frischgemahlene Mehl in einer Schüssel mit Wasser zu einem dünnflüssigen, geschmeidigen Teig anrühren. Salz, Sesam und Gewürze dazugeben und 10-15 min bedeckt quellen lassen. Anschließend nochmals durchschlagen und in Oel braun braten.

Weizen-Pfannkuchen, süß

300g	Weizenvollkornmehl
400g	Wasser oder
250g	Wasser und
150g	Milch
1-2EL	Honig
1-2 EL	Nußmus
¼TL	Meersalz
	Kokosoel zum Ausbacken

Das möglichst frisch gemahlene Mehl in einer Schale mit der Flüssigkeit zu einem dünnflüssigen, geschmeidigen Teig anrühren. Salz, Honig und Nußmus untermischen und 15 min bedeckt quellen lussen. Nochmals durchschlagen und in Oel ausbacken.
Nach Belieben kannst Du noch in Scheiben geschnittene Früchte dazugeben.

Pizza

Teig:	500g	Weizenvollkornmehl
	ca 300g	Wasser
	50g	Olivenoel
	½ TL	Meersalz
	1Stück	Hefe
	5	Tomaten
	3	Paprikaschoten
	2	Zwiebeln
	ca 150g	schwarze Oliven
	½ - 1 TL	Meersalz
	3TL	Oregano
	2TL	Thymian
	1½ TL	Basilikum
	500g	biol. Käse zum Überbacken

Die kleingeschnittenen Tomaten, Paprikaschoten und Zwiebeln auf den vorbereiteten Hefeteig legen. Die Oliven dazugeben und die Gewürze darüber-streuen und mit Olivenoel beträufeln. Zum Schluß mit in Scheiben geschnittenen biologischem Käse belegen.

Bei 250° ca 15 - 20min backen.

Buchweizen, natur

2 Tassen Buchweizen
4 Tassen Wasser
1 TL Meersalz

Den Buchweizen aufkochen, salzen und bei kleiner Flamme bedeckt 20-30min garen.

Buchweizen-Bratlinge

1 Tasse Buchweizen
2 ½ Tassen Wasser
1 TL Meersalz
5 EL Weizenvollkornmehl
1 Zwiebel
1 EL Tamari
Oel zum Braten

Den Buchweizen nach Grundrezept garen. Die kleingeschnittene Zwiebel, Tamari und das möglichst frisch gemahlene Mehl dazugeben. Alles gut miteinander vermengen. Mit befeuchteten Händen kleine Bratlinge formen und diese in Oel braun braten.

Apfelscheiben in Buchweizenteig

250g	Buchweizen
ca. 300g	Wasser
1TL	Meersalz
1EL	Sirup
2-3	Äpfel
	Oel zum Backen

Den möglichst frisch gemahlenen Buchweizen mit Wasser, Salz und Sirup zu einem dünnflüssigen Teig anrühren und diesen bedeckt 10-15min quellen lassen.

Die Äpfel halbieren, entkernen und in 3-4mm dünne Scheiben schneiden. Diese in den Teig tauchen und in einer schweren Pfanne in reichlich Oel braun backen.

Buchweizen - Kroketten

1 Tasse Buchweizen

$2\frac{1}{2}$ Tassen Wasser

$\frac{1}{2}$ TL Meersalz

$\frac{1}{2}$ Tasse Weizenvollkornmehl

1 EL Tamari

$\frac{1}{2}$ TL Meersalz

1 kleine Zwiebel

Maisgrieß zum Panieren

Oel zum Fritieren

Den Buchweizen nach Grundrezept garkochen und anschließend in einer Schüssel mit dem Mehl, der kleingeschnittenen Zwiebel, Tamari und Salz vermischen. Nach Belieben kannst Du noch frische Kräuter der Jahreszeit hinzufügen. Aus der Masse kleine Kugeln formen, in Maisgrieß wälzen und in einem schweren Topf in genügend Oel ausbacken.
Danach etwas abtropfen lassen und heiß servieren.

Buchweizen-Nudeln

500g Buchweizennudeln
2l Wasser
1TL Meersalz

Sauce:
3El Miso
2El Tahin
1½ Tassen Weizenmehl
1 Bund Petersilie
2El Oel

In einem Topf 2l Wasser zum Kochen bringen
Die Buchweizennudeln und das Salz hineingeben und bei kleiner bis mittlerer Flamme 7-10 min garen.
In einem anderen Topf das Mehl in Oel anrösten und mit dem Nudelwasser ablöschen
Das angerührte Miso und Tahin dazugeben und unter ständigem Rühren aufwallen lassen.
Zum Schluß mit frischer, feingehackter Petersilie bestreuen.

Buchweizen-Pfannkuchen

250g	Buchweizen
ca. 300g	Wasser
1TL	Meersalz
1Bund	Schnittlauch
1Bund	Petersilie
1-2EL	Tamari
	Oel zum Braten

Den möglichst frisch gemahlenen Buchweizen mit Wasser und Salz zu einem dünnflüssigen Teig anrühren. Den feingeschnittenen Schnittlauch, die Petersilie und Tamari dazugeben und bedeckt 15 min quellen lassen. Den Teig nochmals gut durchrühren und in Oel untertassen große Pfannkuchen braten.

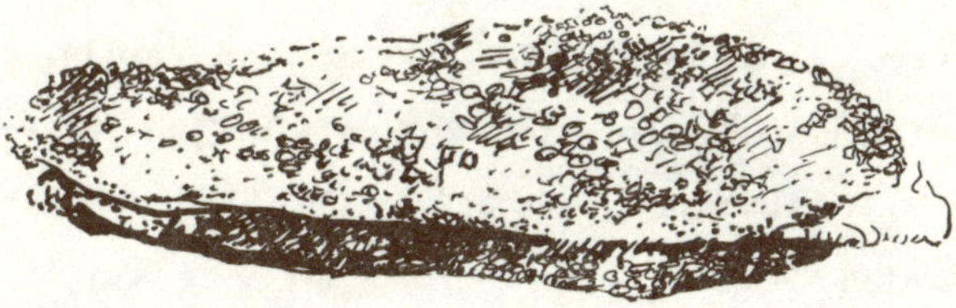

Grünkern-Bratlinge

2 Tassen Grünkern
3½ Tassen Wasser
½ TL Meersalz
2-3 Lorbeerblätter

125g Sojamark
5 EL Sojamehl
½ TL Majoran
1 TL Tamari
½ TL Meersalz

Den Grünkern mit den Lorbeerblättern aufkochen und dann solange bei kleiner Flamme quellen lassen, bis er gar ist (ca. 30-40 min). In eine Schüssel geben und mit Sojamark, -mehl und den Gewürzen vermischen. Aus dieser mittelfesten, zusammenhaltenden Masse formst Du Kugeln, die Du zu ca. 1cm dicken Bratlingen plattdrückst. In einer schweren Pfanne bei mittlerer Flamme goldbraun braten. Zu den Grünkern-Bratlingen Rotkohl mit Backpflaumen servieren.

Suppen
und
Saucen

Krautsuppe

½	Weißkohl oder Wirsing
1	Zwiebel
3EL	Oel
1Tasse	Weizenvollkornmehl
1	Wasser
1TL	Meersalz
½ - 1EL	Tamari
1TL	Oregano
2MS	Muskat
2MS	Kümmel
1Bund	frische Petersilie

Die feingeschnittene Zwiebel und den geraspelten Weißkohl in 2EL Oel andünsten, ½TL Salz dazugeben, mit der Hälfte des Wassers ablöschen, und bedeckt bei mittlerer Flamme ca. 10 min backen lassen. In einem anderen Topf das Mehl in dem restlichen Oel anrösten, vom Feuer nehmen und mit dem übriggebliebenen Wasser anrühren. Diese Sauce rührst Du dann langsam unter den Weißkohl, gibst die Gewürze dazu und läßt alles noch einmal kurz aufwallen.

Möhren~Crème~Suppe

5	mittelgroße Möhren
etwas	Möhrengrün
1 Tasse	Weizenvollkornmehl
2 TL	Kräutermeersalz
1 MS	Muskat
1 l	Wasser
$\frac{1}{8}$ l	Sauerrahm
2 EL	Margarine

Das Weizenmehl in der Margarine leicht anrösten. Die feingeschnittenen Möhren und das gehackte Möhrengrün dazugeben und mit Wasser anrühren. Nach und nach mit dem restlichen Wasser auffüllen und aufkochen lassen. Bei kleiner Flamme 15-20 min weiterkochen lassen, dann den Topf vom Feuer nehmen. Salz und Muskat zugeben und mit dem Sauerrahm abbinden.

Gemüse-Suppe mit Tofu

1	Möhre
1	Zwiebel
½	Rote Rübe
½	Steckrübe oder Kohlrabi
½ TL	Meersalz
2 EL	Oel
1 Tasse	Weizenvollkornmehl
ca. 1 l	Wasser
½ TL	Kräutermeersalz
1 Stück	Tofu
1 Bund	frische Petersilie

Die verschiedenen Gemüse kleinschneiden und in Oel 2-3 min andünsten. Dann salzen, weitere 5 min bedeckt dämpfen und mit Wasser ablöschen. Das möglichst frisch gemahlene Mehl kannst Du in Oel anrösten oder gleich so mit Wasser anrühren und unter die Suppe ziehen. Den Tofu in kleine Stücke teilen und dazugeben. Alles zusammen nochmals kurz aufwallen lassen und vor dem Servieren mit frischer, feingehackter Petersilie bestreuen.

Borscht-Suppe

ca. 250g	Spitz- oder Weißkohl
2	Zwiebeln
3	Rote Rüben
1 Stange	Porrée
2 EL	Olivenoel
$\frac{1}{8}$ l	saure Sahne
1 EL	Tamari
$\frac{1}{4}$ TL	Kümmel
2 MS	Pfeffer oder Basilikum
1 TL	Kräutermeersalz
	Wasser

Den Kohl und die Zwiebel kleinschneiden und zusammen in einem großen Topf in Oel anschmoren, den geschnittenen Porrée zugeben, etwas Wasser aufgießen und so lange dünsten, bis das Gemüse beginnt, weich zu werden. In einem anderen Topf die ganzen Roten Rüben in Wasser garkochen, anschließend würfeln und zu dem anderen Gemüse geben. Mit Wasser bis zur gewünschten Menge auffüllen. Aufkochen lassen, die Gewürze untermischen und die vorher geformten Klöße (Rezept S. 158) 5 min darin garen.

Den Topf vom Feuer nehmen und mit saurer Sahne abbinden. Nach Belieben können noch frische Kräuter der Jahreszeit dazugegeben werden.

Miso ~ Suppe

3 EL	Miso
1½ Tassen	Weizenvollkornmehl
7 Tassen	Wasser
ca. 100 g	Tofu
1	Zwiebel
1½ TL	Meersalz
1–2 TL	Sahne

Das möglichst frisch gemahlene Mehl in Wasser anrühren. Das Miso getrennt in etwas Wasser auflösen und dazugeben. Unter ständigem Rühren aufkochen lassen. Dann das Salz, die feingehackte, angedünstete Zwiebel und den kleingeschnittenen Tofu untermengen. Mit 1–2 EL Sahne abbinden. Nach Wunsch mit frischen Kräutern der Jahreszeit bestreuen.

Blumenkohl-Suppe

$\frac{1}{2}$ - 1	Blumenkohl
4 EL	SB-Oel
2 TL	Kräutermeersalz
1 $\frac{1}{2}$ Tassen	Weizenvollkornmehl
7 Tassen	Wasser
1 EL	Haselnußmus
1 MS	Muskat

Den Blumenkohl sehr feinschneiden und in der Hälfte des Oels 2-3 min andünsten. 1 TL Salz dazugeben und bedeckt bei mittlerer Flamme 7-10 min garen.

In einem anderen Topf das möglichst frisch gemahlene Weizenmehl in dem restlichen Oel anrösten. Mit Wasser ablöschen und über den Blumenkohl gießen. Das restliche Salz, Nußmus und Muskat dazugeben und unter ständigem Rühren aufkochen lassen.

Zwiebel ~ Suppe

ca. 10	Zwiebeln
2 EL	SB-Oel
1 Tasse	Weizenvollkornmehl
6 Tassen	Wasser
1 TL	Kräutermeersalz
1 EL	Butter oder Margarine
4 Scheiben	Vollkornbrot
4 Scheiben	Käse

Die Zwiebeln schälen, kleinschneiden und in Oel 2-3 min andünsten.

In einem anderen Topf das Mehl mit dem Wasser anrühren. Die Zwiebeln hinzugeben und unter ständigem Rühren aufkochen lassen. Salz und Butter unterziehen und in 4 kleine Suppenschalen füllen. Auf jede Schale eine dünne, geröstete Scheibe Vollkornbrot legen und mit Käse abdecken. Im vorgeheizten Backofen bei 200° solange backen, bis der Käse zerläuft; ca 4-5 min.

Vor dem Servieren mit frischen, feingehackten Kräutern der Jahreszeit bestreuen.

Walnuß-Zitronensauce

7 EL	Weizenvollkornmehl
7	Walnüsse
3 EL	Sonnenblumenoel
½	Zitrone
1-2 MS	Muskat
¼ TL	Meersalz
125 g	Sahne oder Margarine

Das möglichst frisch gemahlene Mehl und die feingehackten Walnüsse in Oel anrösten und mit ca. 400 g Blumenkohl- oder anderem Gemüsewasser ablöschen. Kurz aufwallen lassen. Dann die halbe, ungespritzte Zitrone abreiben und den Saft dazugeben. Muskat und Salz unterziehen, den Topf vom Feuer nehmen und mit Sahne oder Margarine abbinden.

Je nach Gemüseart, frische Kräuter der Jahreszeit über die Sauce geben.

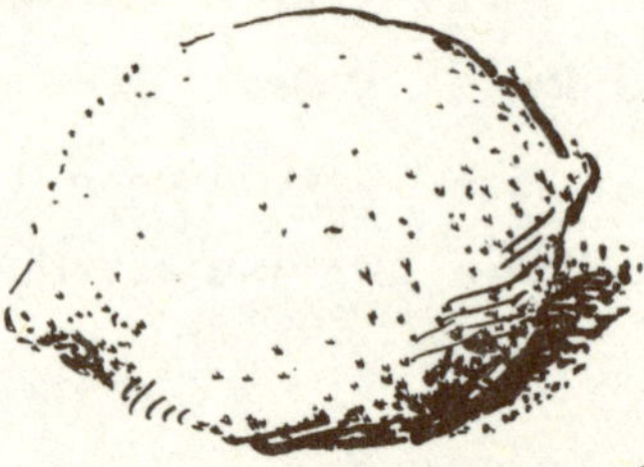

Goma-Miso-Sauce

3 EL	Gersten-Miso
1 EL	Tahin
2 EL	Margarine
8 EL	Weizenmehl
ca. $\frac{1}{2}$ l	Wasser
2–3 EL	Sahne oder Margarine
$\frac{1}{2}$ TL	Meersalz
1 Bund	Petersilie oder frische Kräuter nach Wahl

Das Mehl in Margarine anrösten. Miso und Tahin in einer Tasse mit etwas Wasser anrühren und zu dem Mehl geben. Unter ständigem Rühren mit dem restlichen Wasser auffüllen. Aufkochen und bei kleiner Flamme 5 min. ziehen lassen. Salz und die gehackte Petersilie unterziehen und mit 2-3 EL Sahne oder Margarine abbinden.

Grüne Sauce

1	kleine Zwiebel
1	kleine Knoblauchzehe
1 Tasse	Sauerrahm
1 Tasse	Joghurt
Saft ½	Zitrone
1 Handvoll	Kapuziner-Kresse
1 Handvoll	Borretsch
1 Handvoll	Pimpinelle
1 Bund	Dill
1 Bund	Petersilie
1 Bund	Schnittlauch
etwas	Fenchelkraut, Basilikum, Bohnenkraut
einige	Zwiebelschalotten

Die Zwiebel und den Knoblauch kleinschneiden und mit den weiteren Zutaten die Sauce vorbereiten. Die Kräuter sehr fein wiegen, mit der Sauce vermengen und gut durchziehen lassen.

Zaziki

500g	Speisequark
500g	Sahnequark
100g	Kefir
½ Tasse	Wasser
1EL	Olivenoel
1	Zwiebel
1-2	Knoblauchzehen
1TL	Oregano
½TL	Thymian
½TL	Kräutermeersalz

Den Quark mit dem Kefir, Oel und Wasser zu einer glatten Crème verrühren. Dann die zerdrückte Knoblauchzehe, die feingeschnittene Zwiebel, Salz und Gewürze dazugeben. Alles gut miteinander vermischen und 15-30 min bedeckt ziehen lassen.
Zaziki wird in Griechenland zu Brot und als Beilage zu Salaten gegessen.
Besonders gut schmeckt es mit frischen Fladenbroten (Persische Fladen, Chapaties).

Desserts

Birnen-Kompott

500g Birnen
100g Trockenpflaumen
½ TL Ingwer
¼ TL Vanille
½ abgeriebene Zitronenschale

Die Birnen kleinschneiden und zusammen mit den Trockenpflaumen in einem Topf 10-15 min leise kochen. Dann in eine Schale füllen, Ingwer, Vanille und die abgeriebene Zitronenschale hinzugeben und alles gut miteinander verrühren.
Das Birnen-Kompott in kleine Schalen geben und mit gehackten Nüssen oder Mandeln bestreuen.

Johannisbeer-Crème

500g rote Johannisbeeren
100g Mohn
3EL Honig
2El Nußmus
1TL Fenchel

Die Johannisbeeren pürieren und in eine Schale geben. Den Mohn quetschen und mit dem Honig, Nußmus und Fenchel unter die Johannisbeeren ziehen. Alles gut miteinander verrühren und in kleine Schälchen geben. Mit Haselnüssen und Kokosraspeln garnieren.

Rhabarber-Speise

100g Rhabarber
150g Rosinen
5EL Honig
1TL Zimt
2MS Nelken

Den Rhabarber, wenn notwendig, schälen, in kleine Stücke schneiden und zusammen mit den Rosinen ca. 20min weichkochen. Den Topf vom Feuer nehmen und Honig und Gewürze untermischen.
Nach Belieben kannst Du noch 250g Quark unterziehen. In kleine Schalen füllen und mit Nüssen garnieren.

Pfirsich-Dattel-Dessert

500g	Dickmilch
2	biologische Pfirsiche
100g	Datteln
¼ TL	Zimt
1 Prise	Ingwer
Zum Garnieren:	Mandeln

Die kleingeschnittenen Pfirsiche und Datteln in einer Schale mit der Dickmilch verrühren. Zimt und Ingwer zugeben und nochmals alles gut miteinander vermengen. In kleine Schalen füllen und mit Mandelsplittern und Kokosraspeln garnieren.

Früchte-Quark

500g Sahnequark
½ Tasse Wasser
2El Ahorn-Sirup
1 Apfel oder Birne
50g Rosinen
100g Datteln
1 Prise Zimt
zum Garnieren: Nüsse und Kokosraspeln

Den Quark mit Wasser, Ahorn-Sirup und Zimt zu einer glatten Crème verrühren. Den Apfel und die Datteln kleinschneiden und zusammen mit den Rosinen zu dem Quark geben. Alles gut miteinander vermengen und in kleine Schalen füllen. Mit Haselnüssen und Kokosraspeln verziehren.

Feigen-Quark

150 g	Feigen
250 g	Sahnequark
1	Banane
2 MS	Zimt
ca. ½ Tasse	Wasser

Die Feigen und die Banane zusammen mit dem Wasser im Mixer verquirlen und anschließend mit dem Quark vermischen.

Am besten ist es jedoch, wenn Du die Feigen über Nacht einweichst.

Den Zimt unterziehen und den Quark in kleine Schalen füllen. Nach Belieben mit Nüssen, Kokosraspeln oder frischen Früchten garnieren.

Brot-
aufstriche

Adzuki-Paste

50g Adukibohnen
100g Möhren
20g Möhrengrün
100g Wasser
3El Oel
2El Sojamehl
$\frac{3}{4}$ TL Meersalz
ca.50g Wasser

Die Adukibohnen über Nacht einweichen. Am nächsten Morgen die Möhren kleinschneiden und zusammen mit den Bohnen ca. 10-15min in Oel sautieren. Abkühlen lassen und fein pürieren. Anschließend das frische, feingehackte Möhrengrün, Sojamehl und Salz unterziehen und so viel Wasser hinzugeben, daß eine gut streichfähige, geschmeidige Paste entsteht. In einem Schraubglas kühl aufbewahrt ist die Pastete 2-3 Tage haltbar.

Linsen-Butter

100g	Linsen
200g	Wasser
1	Zwiebel
50g	Diásan
je 3 Stengel	frische Minze und Thymian
½ - 1TL	Meersalz
1 MS	geriebene Zitronenschale

Die Linsen über Nacht in Wasser einweichen. Am nächsten Morgen die Flüssigkeit abgießen und aufbewahren. Dann die Linsen mit der Zwiebel in Diásan andünsten, abkühlen lassen und fein pürieren. Das Einweichwasser und die Kräuter dazugeben und alles gut miteinander vermengen. Linsenbutter ist zum baldigen Verzehr bestimmt.

Tofu-Miso-Paste

250g Tofu
2 EL Olivenoel
1½ EL Miso
½ TL Kräutermeersalz
1 TL Oregano
¼ TL Basilikum
1-2 Knoblauchzehen
½ TL Meerrettich
Tomaten und Oliven zum Garnieren.

Den möglichst frischen Tofu im Mixer pürieren und in eine Schale geben. Mit Miso und Oel zu einer glatten Crème verrühren. Jetzt die zerdrückte Knoblauchzehe, Salz, Meerrettich und Gewürze untermischen. Tomatenstückchen und/oder schwarze Oliven zum Garnieren verwenden und sofort servieren!

Tofu-Feigen-Paste

250g Tofu
100g Wasser
150g Feigen
2EL Nußmus
2EL Honig oder Ahornsirup
1MS Zimt
1MS Ingwer

Den möglichst frischen Tofu mit Wasser und den vorher eingeweichten Feigen im Mixer pürieren. In eine Schale geben und Nußmus, Honig, Zimt und Ingwer untermischen.
Für baldigen Verzehr bestimmt.

Apfel-Zwiebel-Paste

250g Margarine oder Butter
2 Äpfel
3 Zwiebeln
10 Wallnüsse
2TL Meersalz

Die sehr kleingeschnittenen oder geriebenen Äpfel und Zwiebeln und das zerlassene Fett 3-4 min dünsten. Dann die gehackten Wallnüsse und das Salz untermischen. In ein heiß ausgespültes Schraubglas abfüllen und erkalten lassen.

An einem kühlen Ort aufbewahrt, ist die Paste 3-4 Tage haltbar.

Goma-Miso-Paste

7 EL ungeschälten Sesam
1 EL Miso
1 EL Sesam-Oel
2-3 EL Wasser

Den Sesam in einer Pfanne goldgelb rösten und anschließend in einem Mörser sanft zerstoßen. In eine Schale geben und mit Miso, Oel und Wasser zu einer streichfähigen Paste verrühren.
Nach Belieben kannst Du diesen einfachen, leckeren Brotaufstrich noch mit Zwiebeln, Knoblauch oder frischen Kräutern der Jahreszeit anreichern.

Carob~Crème

40g ungehärtete Margarine
40g Haselnüsse
20g Carob
2-3 EL Honig
2 MS Vanille
1 Prise Meersalz

Die Haselnüsse feinmahlen und in einer Schüssel mit Margarine, Carob und den übrigen Zutaten zu einer glatten Creme verrühren.
Dies Creme schmeckt kleinen und großen Kindern sehr gut.

Paprika - Paste

500g Paprika
200g Möhren
100g Zwiebeln
50g Diäsan
4EL Sojamehl
1TL Meersalz
2TL Thymian
1Bund frische Petersilie

Paprika, Möhren und Zwiebeln sehr fein schneiden und in Diäsan andünsten. Salz dazugeben und bei mittlerer Flamme ca. 10min garen. Anschließend das Gemüse pürieren und Sojamehl Petersilie und Thymian untermengen. In einem Schraubglas kühl aufbewahrt ist die Paste 2-3 Tage haltbar.

Jetzt ist Vollmond
und unsere Aufgabe
ist erfüllt.
Letzte Energieströme
fließen durch die Feder
auf dieses Papier und
warten darauf, von Dir
empfangen zu werden...

Für eigene Ideen

Rotkrautsalat m. Salatsauce (Zitronen Essig Öl)
und gerösteten Sonnenblumenkernen

Naturreis mit in Öl gerösteten u. gesalzenem Sesam (evtl. + Sobh)

AXEL MEYER
DIE KUNST
DES BACKENS
Samsara Verlag